Das kleine Buch

Das kleine Buch

...für alle, die München lieben

Mit Bildern von
Günter Mattei

Wilhelm Heyne Verlag
München

Copyright © 1994
by Wilhelm Heyne Verlag GmbH & Co. KG, München
Umschlaggestaltung: Christian Diener
Gedruckt auf chlorfrei geglättetem Werkdruck
Gesetzt in der 10 auf 12 Punkt Plantin
Satz: Kort Satz GmbH, München
Druck und Bindung: RMO, München
Printed in Germany

ISBN 3-453-08067-X

Inhalt

PETER PAUL ALTHAUS
Traumstadt 7

OSKAR MARIA GRAF
... München? 9

THOMAS MANN
Gladius Dei 13

JOACHIM BARTELS
Kennen Sie sich aus in München? 40

HERBERT ROSENDORFER
Stadtteilkunde 45

WOLFGANG KOEPPEN
Beten am Marienplatz 59

FRANZ HOHLER
Die Asamkirche 61

KARL VALENTIN
Englischer Garten 66

AXEL HACKE
Eisbach marsch! 67

SIGI SOMMER
Im Schatten des Turms 71

GERHARD POLT/HANNS CHRISTIAN MÜLLER
Feuerbestattung 76

Hannelore Schütz-Doinet /
Brigitte Zander-Spahn
Wer ko, der ko 81

Fritz Meingast
Lola Montez 91

Karl Valentin
Eine fidele Münchner Stadtratssitzung
anno dazumal 103

Hausordnung 110

Die Weißwurst 112

Franz Hugo Mösslang
Die Weißwürscht und der Leberkäs 114

Münchens größte Biergärten 126

Ulrich Wickert
Demontage 128

Eugen Roth
Das Oktoberfest 129

Herbert Rosendorfer
Föhn 136

Quellennachweis 142

Peter Paul Althaus
In der Traumstadt

In der Traumstadt ist ein Lächeln stehn geblieben;
niemand weiß, wem es gehört.
Und ein Polizist hat es schon dreimal aufgeschrieben,
weil es den Verkehr, dort wo es stehn geblieben, stört.

Und das Lächeln weiß auch nicht, wem es gegolten;
immer müder lächelnd steht es da,
kaum beachtet, und gescholten
und geschubst und weggedrängt, wenn ja.

Langsam schleicht es sich von hinnen;
doch auf einmal wird es licht verklärt,
und dann geht es ganz nach innen –
und du weißt, wem es gegolten und gehört.

Oskar Maria Graf
... München?

Möchten Sie, lieber Herr, nicht auch da seßhaft sein, wo es absolut keinen Nimbus, keine Kunst- und Literaturgötter und keinen Politiker gibt, dem man sonderlich viel zutraut? Wenn ja, dann kommen Sie nach München. (Nebenbei: Ich bin in keiner Weise vom Fremdenverkehrsverein bestochen, ich sage das rein aus mir heraus.) Unsere Stadt ist in jeder Weise finster und kleinbürgerlich. Sie ist katholisch, und alles, was davon abweicht, ist bolschewistisch. (Als die Josefine Baker auftreten wollte, hieß man das so, und als der Glaspalast abbrannte, war das ein Werk »abgewiesener bolschewistisch infizierter Künstler«.)

München ist seit langer, langer Zeit sozusagen auf den Hund gekommen, München ist sicher von allen deutschen Städten die provinzlerischste, wenngleich man von unserem wortreichen Reise- und Kunstphilosophen Hausenstein bis hinaus zu unserem ehrengeachteten Oberbürgermeister eifrigst bemüht ist, das Vergangene dieser Stadt wieder zu Glanz zu bringen. (Zukunft kennt man hierorts nicht, kaum Gegenwärtiges.) Verlassen Sie sich drauf, daß das auch nie anders wird. Da hilft keine Revolution, kein Hitler, ja nicht einmal der Rückgang der Fremdenfrequenz. Wir sind und bleiben ein stadtähnliches Dorf und können wirklich nichts anderes mehr tun, als gemütlich sterben. Grad aber dieses gemütliche Sterben ist das Faszinierende dieser Stadt. Es macht uneitel, versöhnlich und wunderbar glaubenslos. Und weil wir alle, wir echten Münchner, durch unsere katholische Herkunft nihilistisch in einem herrlich wurschtigen Sinn angekränkelt sind, darum läßt sich's hier gut leben. Wir sind froh, daß uns irgend jemand regiert, daß jemand immer wieder versucht, uns auf diese oder jene Weise vorwärts zu bringen. »Laßt's ihn nur! Wird's was, haben wir den Nutzen! Wird's nichts, kann man drüber granteln!« Das ungefähr ist unsere Grundeinstellung.

Darum gibt es bei uns auch so viele kleine Geschäftsleute und Handwerkermeister. Jeder will sein eigener Herr sein, will leicht verdienen und andere für sich arbeiten lassen.

München ist das Eldorado des echten, kleinen, versteckten, muffigen Genießers, der ohne viel Kosten alle Annehmlichkeiten dieses Lebens haben will. Bei uns herrscht der Geist des Privaten absolut. Hier kann man bedächtig herumgehen und alles mit der behaglichen Lust am Detail ansehen. Woanders wäre das unmöglich. In einer richtigen Stadt ist Bewegung, ist Geschäft, ist Hast und Arbeit, und sogar die liebenswerten Dinge überstürzen sich dort. In München kann jeder seine kleinen und großen Passionen völlig auskosten. Ganz nach seiner asozialen, eigensinnigen Manier. Kann er's beispielsweise aus Not und Hunger nicht, so ist er Bolschewist. Eins ist wirklich imponierend an uns Münchnern: Hier kannst du als der Berühmteste und Begehrteste durch die Straßen gehen, kannst in den Läden und Lokalen auftauchen, kein Mensch wird dich sonderlich beachten. Du bist einer wie alle. Du bist nackt eben nackt. Du bist gestorben nur eine Leiche und zuletzt ein Haufen Dreck. Diese unaufdringliche Respektlosigkeit ist die geistige Essenz Münchens. In Berlin – seid ehrlich! – gibt es seit dem »Abgang« des glorreichen Wilhelms zwo ungewöhnlich viele kleine Wilhelms. Und überall! In der Politik, in der Kunst, in der Literatur, in der Wissenschaft und beim Theater. Und jeder hat seinen Kreis, seine Anhängerschar wie früher der Kaiser seinen Hofstaat. Und wird doch soviel Wesens dahergemacht dort von wegen Kollektivismus!

So was fehlt in München und hat immer gefehlt. Und darum liebe ich diese seltsame Stadt. Vielleicht habe ich selber sehr viel von ihr.

Und sonst? Die Bauten, die Museen und sonstigen Schönheiten bei uns? Gehn S' doch, Herr! Sowas ist doch für die Fremden, doch nicht für uns! Wie hat doch Karl Arnold im »Simplizissimus« gesagt, als das »Deutsche Museum« in aller Munde kam? Da hocken echte Münchner vor dem Maßkrug und dem weinenden Radi in einem Biergarten, und einer brummt aus dem tiefsten, grantigsten Nachdenken heraus: »Dös mit dem Deutschn Museum, dös werd si(ch) aa (auch) net lang hoitn (halten)... Wer red't denn heunt (heute) no(ch) von der Pinakothek...«

Ein Ausspruch, der das Münchnerische vollauf erklärt.

Thomas Mann
Gladius Dei

1

München leuchtete. Über den festlichen Plätzen und weißen Säulentempeln, den antikisierenden Monumenten und Barockkirchen, den springenden Brunnen, Palästen und Gartenanlagen der Residenz spannte sich strahlend ein Himmel von blauer Seide, und ihre breiten und lichten, umgrünten und wohlberechneten Perspektiven lagen in dem Sonnendunst eines ersten, schönen Junitages.

Vogelgeschwätz und heimlicher Jubel über allen Gassen... Und auf Plätzen und Zeilen rollt, wallt und summt das unüberstürzte und amüsante Treiben der schönen und gemächlichen Stadt. Reisende aller Nationen kutschieren in den kleinen, langsamen Droschken umher, indem sie rechts und links in wahlloser Neugier an den Wänden der Häuser hinaufschauen, und steigen die Freitreppen der Museen hinan... Viele Fenster stehen geöffnet, und aus vielen klingt Musik auf die Straßen hinaus, Übungen auf dem Klavier, der Geige oder dem Violoncell, redliche und wohlgemeinte dilettantische Bemühungen. Im »Odeon« aber wird, wie man vernimmt, an mehreren Flügeln ernstlich studiert.

Junge Leute, die das Nothung-Motiv pfeifen und abends die Hintergründe des modernen Schauspielhauses füllen, wandern, literarische Zeitschriften in den Seitentaschen ihrer Jacketts, in der Universität und der Staatsbibliothek aus und ein. Vor der Akademie der bildenden Künste, die ihre weißen Arme zwischen der Türkenstraße und dem Siegestor ausbreitet, hält eine Hofkarosse. Und auf der Höhe der Rampe stehen, sitzen und lagern in farbigen Gruppen die Modelle, pittoreske Greise, Kinder und Frauen in der Tracht der Albaner Berge.

Lässigkeit und hastloses Schlendern in all den langen Straßenzügen des Nordens... Man ist von Erwerbsgier nicht gerade gehetzt und verzehrt dortselbst, sondern lebt angenehmen Zwecken. Junge Künstler, runde Hütchen auf den Hinterköpfen, mit lockeren Krawatten und ohne Stock, unbesorgte Gesellen, die ihren Mietzins mit Farbenskizzen bezahlen, gehen spazieren, um diesen hellblauen Vormittag auf ihre Stimmung wirken zu lassen, und sehen den kleinen Mädchen nach, diesem hübschen, untersetzten Typus mit den brünetten Haarbandeaus, den etwas zu großen Füßen und den unbedenklichen Sitten... Jedes fünfte Haus läßt Atelierfensterscheiben in der Sonne blinken. Manchmal tritt ein Kunstbau aus der Reihe der bürgerlichen hervor, das Werk eines phantasievollen jungen Architekten, breit und flachbogig, mit bizarrer Ornamentik, voll Witz und Stil. Und plötzlich ist irgendwo die Tür an einer allzu langweiligen Fassade von einer kecken Improvisation umrahmt, von fließenden Linien und sonnigen Farben, Bacchanten, Nixen, rosigen Nacktheiten... Es ist stets aufs neue ergötzlich, vor den Auslagen der

Kunstschreinereien und der Basare für moderne Luxusartikel zu verweilen. Wieviel phantastievoller Komfort, wieviel linearer Humor in der Gestalt aller Dinge! Überall sind die kleinen Skulptur-, Rahmen- und Antiquitätenhandlungen verstreut, aus deren Schaufenstern dir die Büsten der florentinischen Quattrocento-Frauen voll einer edlen Pikanterie entgegenschauen. Und der Besitzer des kleinsten und billigsten dieser Läden spricht dir von Donatello und Mino da Fiesole, als habe er das Vervielfältigungsrecht von Ihnen persönlich empfangen...

Aber dort oben am Odeonsplatz, angesichts der gewaltigen Loggia, vor der sich die geräumige Mosaikfläche ausbreitet, und schräg gegenüber dem Palast des Regenten drängen sich die Leute um die breiten Fenster und Schaukästen des großen Kunstmagazins, des weitläufigen Schönheitsgeschäftes von M. Blüthenzweig. Welche freudige Pracht der Auslage! Reproduktionen von Meisterwerken aus allen Galerien der Erde, eingefaßt in kostbare, raffiniert getönte und ornamentierte Rahmen in einem Geschmack von preziöser Einfachheit; Abbildungen moderner Gemälde, sinnenfroher Phantasien, in denen die Antike auf eine humorvolle und realistische Weise wiedergeboren zu sein scheint; die Plastik der Renaissance in vollendeten Abgüssen; nackte Bronzeleiber und zerbrechliche Ziergläser; irdene Vasen von steilem Stil, die aus Bädern von Metalldämpfen in einem schillernden Farbenmantel hervorgegangen sind; Prachtbände, Triumphe der neuen Ausstattungskunst,

Werke modischer Lyriker, gehüllt in einen dekorativen und vornehmen Prunk; dazwischen die Porträts von Künstlern, Musikern, Philosophen, Schauspielern, Dichtern, der Volksneugier nach Persönlichem ausgehängt... In dem ersten Fenster, der anstoßenden Buchhandlung zunächst, steht auf einer Staffelei ein großes Bild, vor dem die Menge sich staut: eine wertvolle, in rotbraunem Tone ausgeführte Photographie in breitem, altgoldenem Rahmen, ein aufsehenerregendes Stück, eine Nachbildung des Clous der großen internationalen Ausstellung des Jahres, zu deren Besuch an den Litfaßsäulen, zwischen Konzertprospekten und künstlerisch ausgestatteten Empfehlungen von Toilettenmitteln, archaisierende und wirksame Plakate einladen.

Blick um dich, sieh in die Fenster der Buchläden! Deinen Augen begegnen Titel wie »Die Wohnungskunst seit der Renaissance«, »Die Erziehung des Farbensinnes«, »Die Renaissance im modernen Kunstgewerbe«, »Das Buch als Kunstwerk«, »Die dekorative Kunst«, »Der Hunger nach Kunst« – und du mußt wissen, daß diese Weckschriften tausendfach gekauft und gelesen werden; und daß abends über ebendieselben Gegenstände vor vollen Sälen geredet wird... Hast du Glück, so begegnet dir eine der berühmten Frauen in Person, die man durch das Medium der Kunst zu schauen gewohnt ist, eine jener reichen und schönen Damen von künstlich hergestelltem tizianischen Blond und im Brillantenschmuck, deren betörenden Zügen durch die Hand eines genialen Porträtisten die Ewigkeit zuteil geworden ist, und von deren Liebesleben die Stadt spricht, – Königinnen der Künstlerfeste im Karneval, ein wenig geschminkt, ein wenig gemalt, voll einer edlen Pikanterie, gefallsüchtig und anbetungswürdig. Und sieh, dort fährt ein großer Maler mit seiner Geliebten in einem Wagen die Ludwigstraße hinauf. Man zeigt sich das Gefährt, man bleibt stehen und blickt den beiden nach. Viele Leute grüßen. Und es fehlt nicht viel, daß die Schutzleute Front machen.

Die Kunst blüht, die Kunst ist an der Herrschaft, die Kunst streckt ihr rosenumwundenes Zepter über die Stadt hin und lächelt. Eine allseitige respektvolle Anteilnahme an ihrem Gedeihen, eine allseitige, fleißige und hingebungsvolle Übung und Propaganda in ihrem Dienste, ein treuherziger Kultus der Linie, des Schmuckes, der Form, der Sinne, der Schönheit obwaltet... München leuchtete.

2

Es schritt ein Jüngling die Schellingstraße hinan; er schritt, umklingelt von Radfahrern, in der Mitte des Holzpflasters der breiten Fassade der Ludwigskirche entgegen. Sah man ihn an, so war es, als ob ein Schatten über die Sonne ginge oder über das Gemüt eine Erinnerung an schwere Stunden. Liebte er die Sonne nicht, die die schöne Stadt in Festglanz tauchte? Warum hielt er in sich gekehrt und abgewandt die Augen zu Boden gerichtet, indes er wandelte?

Er trug keinen Hut, woran bei der Kostümfreiheit der leichtgemuten Stadt keine Seele Anstoß nahm, sondern hatte statt dessen die Kapuze seines weiten, schwarzen Mantels über den Kopf gezogen, die seine niedrige, eckig vorspringende Stirn beschattete, seine Ohren bedeckte und seine hageren Wangen umrahmte. Welcher Gewissensgram, welche Skrupel und welche Mißhandlungen seiner selbst hatten diese Wangen so auszuhöhlen vermocht? Ist es nicht schauerlich, an solchem Sonntage den Kummer in den Wangenhöhlen eines Menschen wohnen zu sehen? Seine dunklen Brauen verdickten sich stark an der schmalen Wurzel seiner Nase, die groß und gehöckert aus dem Gesichte hervorsprang, und seine Lippen waren stark und wulstig. Wenn er seine ziemlich nahe beieinanderliegenden braunen Augen erhob, bildeten sich Querfalten auf seiner kantigen Stirn. Er blickte mit einem Ausdruck von Wissen, Begrenztheit und Leiden. Im Profil gesehen, glich dieses Gesicht genau einem alten

Bildnis von Möncheshand, aufbewahrt zu Florenz in einer engen und harten Klosterzelle, aus welcher einstmals ein furchtbarer und niederschmetternder Protest gegen das Leben und seinen Triumph erging...

Hieronymus schritt die Schellingstraße hinan, schritt langsam und fest, indes er seinen weiten Mantel von innen mit beiden Händen zusammenhielt. Zwei kleine Mädchen, zwei dieser hübschen, untersetzten Wesen mit den Haarbandeaus, den zu großen Füßen und den unbedenklichen Sitten, die Arm in Arm und abenteuerlustig an ihm vorüberschlenderten, stießen sich an und lachten, legten sich vornüber und gerieten ins Laufen vor Lachen über seine Kapuze und sein Gesicht. Aber er achtete dessen nicht. Gesenkten Hauptes und ohne nach rechts oder links zu blicken, überschritt er die Ludwigstraße und stieg die Stufen der Kirche hinan.

Die großen Flügel der Mitteltür standen weit geöffnet. In der geweihten Dämmerung, kühl, dumpfig und mit Opferrauch geschwängert, war irgendwo fern ein schwaches, rötliches Glühen bemerkbar. Ein altes Weib mit blutigen Augen erhob sich von einer Betbank und schleppte sich an Krücken zwischen den Säulen hindurch. Sonst war die Kirche leer. Hieronymus benetzte sich Stirn und Brust am Becken, beugte das Knie vor dem Hochaltar und blieb dann im Mittelschiffe stehen. War es nicht, als sei seine Gestalt gewachsen, hier drinnen? Aufrecht und unbeweglich, mit frei erhobenem Haupte stand er da, seine große, gehöckerte Nase schien mit einem herrischen Ausdruck über den starken Lippen hervorzuspringen, und seine Augen waren nicht mehr zu Boden gerichtet, sondern blickten kühn und geradewegs ins Weite, zu dem Kruzifix auf dem Hochaltar hinüber. So verharrte er reglos eine Weile; dann beugte er zurücktretend aufs neue das Knie und verließ die Kirche.

Er schritt die Ludwigstraße hinauf, langsam und fest, gesenkten Hauptes, inmitten des breiten, ungepflasterten Fahrdammes, entgegen der gewaltigen Loggia mit ihren Statuen. Aber auf dem Odeonsplatz angelangt, blickte er auf, so daß sich Querfalten auf seiner kantigen Stirne bildeten, und hemmte seine Schritte: aufmerksam gemacht durch die Menschenansammlung vor den Auslagen der großen Kunsthandlung, des weitläufigen Schönheitsgeschäftes von M. Blüthenzweig. Die Leute gingen von Fenster zu Fenster, zeigten sich die ausgestellten Schätze und tauschten ihre Meinungen aus, indes einer über des anderen Schulter blickte. Hieronymus mischte sich unter sie und begann auch seinerseits alle diese Dinge zu betrachten, alles in Augenschein zu nehmen, Stück für Stück.

Er sah die Nachbildungen von Meisterwerken aus allen Galerien der Erde, die kostbaren Rahmen in ihrer simplen Bizarrerie, die Renaissanceplastik, die Bronzeleiber und Ziergläser, die schillernden Vasen, den Buchschmuck und die Porträts der Künstler, Musiker, Philosophen, Schauspieler, Dichter, sah alles an und wandte an jeden Gegenstand einen Augenblick. Indem er seinen Mantel von innen mit beiden Händen fest zusammenhielt, drehte er seinen von der Kapuze bedeckten Kopf in kleinen, kurzen Wendungen von einer Sache zur nächsten, und unter seinen dunklen, an der Nasenwurzel stark sich verdichtenden Brauen, die er emporzog, blickten seine Augen mit einem befremdeten, stumpfen und kühl erstaunten Ausdruck auf jedes Ding eine Weile. So erreichte er das erste Fenster, dasjenige, hinter dem das aufsehenerregende Bild sich befand, blickte eine Zeitlang den vor ihm sich drängenden Leuten über die Schultern und gelangte endlich nach vorn, dicht an die Auslage heran.

Die große, rötlichbraune Photographie stand, mit äußerstem Geschmack in Altgold gerahmt, auf einer Staffelei inmitten des Fensterrahmens. Es war eine Madonna, eine durchaus modern empfundene, von jeder Konvention freie Arbeit. Die Gestalt der heiligen Gebärerin war von bedrückender Weiblichkeit, entblößt und schön. Ihre großen, schwülen Augen waren dunkel umrändert, und ihre delikat und seltsam lächelnden Lippen standen halb geöffnet. Ihre schmalen, ein wenig nervös und krampfhaft gruppierten Finger umfaßten die Hüfte des Kindes, eines nackten Knaben von distinguierter und fast primitiver Schlankheit, der mit ihrer Brust spielte und dabei seine Augen mit einem klugen Seitenblick auf den Beschauer gerichtet hielt. Zwei andere Jünglinge standen neben Hieronymus und unterhielten sich über das Bild, zwei junge Männer mit Büchern unter dem Arm, die sie aus der Staatsbibliothek geholt hatten oder dorthin brachten, humanistisch gebildete Leute, beschlagen in Kunst und Wissenschaft.

»Der Kleine hat es gut, hol mich der Teufel!« sagte der eine.

»Und augenscheinlich hat er die Absicht, einen neidisch zu machen«, versetzte der andere... »Ein bedenkliches Weib!«

»Ein Weib zum Rasendwerden! Man wird ein wenig irre am Dogma von der unbefleckten Empfängnis...«

»Ja, ja, sie macht einen ziemlich berührten Eindruck... Hast du das Original gesehen?«

»Selbstverständlich. Ich war ganz angegriffen. Sie wirkt in der Farbe noch weit aphrodisischer... besonders die Augen.«

»Die Ähnlichkeit ist eigentlich doch ausgesprochen.«

»Wieso?«

»Kennst du nicht das Modell? Er hat doch seine kleine Putzmacherin dazu benützt. Es ist beinahe Porträt, nur stark ins Gebiet des Korrupten hinaufstilisiert... Die Kleine ist harmloser.«

»Das hoffe ich. Das Leben wäre allzu anstrengend, wenn es viele gäbe wie diese mater amata...«

»Die Pinakothek hat es angekauft.«

»Wahrhaftig? Sieh da! Sie wußte wohl übrigens, was sie tat. Die Behandlung des Fleisches und der Linienfluß des Gewandes ist wirklich eminent.«

»Ja, ein unglaublich begabter Kerl.«

»Kennst du ihn?«

»Ein wenig. Er wird Karriere machen, das ist sicher. Er war schon zweimal beim Regenten zur Tafel...«

Das letzte sprachen sie, während sie anfingen, voneinander Abschied zu nehmen.

»Sieht man dich heute abend im Theater?« fragte der eine. »Der dramatische Verein gibt Macchiavelli's ›Mandragola‹ zum besten.«

»Oh, bravo. Davon kann man sich Spaß versprechen. Ich hatte vor, ins Künstlervarieté zu gehen, aber es ist wahrscheinlich, daß ich den wackeren Nicoló schließlich vorziehe. Auf Wiedersehen...«

Sie trennten sich, traten zurück und gingen nach rechts und links auseinander. Neue Leute rückten an ihre Stelle und betrachteten das erfolgreiche Bild. Aber Hieronymus stand unbeweglich an seinem Platze; er stand mit vorgestrecktem Kopfe, und man sah, wie seine Hände, mit denen er auf der Brust seinen Mantel von innen zusammenhielt, sich krampfhaft ballten. Seine Brauen waren nicht mehr mit jenem kühl und ein wenig gehässig erstaunten Ausdruck emporgezogen, die hatten sich gesenkt und verfinstert, seine Wangen, von der schwarzen Kapuze halb bedeckt, schienen tiefer ausgehöhlt als vordem, und seine dicken Lippen waren ganz bleich. Langsam neigte sein Kopf sich tiefer und tiefer, so daß er schließlich seine Augen ganz von unten herauf starr auf das Kunstwerk gerichtet hielt. Die Flügel seiner großen Nase bebten.

In dieser Haltung verblieb er wohl eine Viertelstunde. Die Leute um ihn her lösten sich ab, er aber wich nicht vom Platze. Endlich drehte er sich langsam, langsam auf den Fußballen herum und ging fort.

3

Aber das Bild der Madonna ging mit ihm. Immerdar, mochte er nun in seinem engen und harten Kämmerlein weilen oder in den kühlen Kirchen knien, stand es vor seiner empörten Seele, mit schwülen, umränderten Augen, mit rätselhaft lächelnden Lippen, entblößt und schön. Und kein Gebet vermochte es zu verscheuchen.

In der dritten Nacht aber geschah es, daß ein Befehl und Ruf aus der Höhe an Hieronymus erging, einzuschreiten und seine Stimme zu erheben gegen leichtherzige Ruchlosigkeit und frechen Schönheitsdünkel. Vergebens wendete er, Mosen gleich, seine blöde Zunge vor; Gottes Wille blieb unerschütterlich und verlangte laut von seiner Zaghaftigkeit diesen Opfergang unter die lachenden Feinde. Da machte er sich auf am Vormittage und ging, weil Gott es wollte, den

Weg zur Kunsthandlung, zum großen Schönheitsgeschäft von M. Blüthenzweig. Er trug die Kapuze über dem Kopf und hielt seinen Mantel von innen mit beiden Händen zusammen, indes er wandelte.

4

Es war schwül geworden; der Himmel war fahl, und ein Gewitter drohte. Wiederum belagerte viel Volks die Fenster der Kunsthandlung, besonders aber dasjenige, in dem das Madonnenbild sich befand. Hieronymus warf nur einen kurzen Blick dorthin; dann drückte er die Klinke der mit Plakaten und Kunstzeitschriften verhangenen Glastür. »Gott will es!« sagte er und trat in den Laden.

Ein junges Mädchen, das irgendwo an einem Pult in einem großen Buche geschrieben hatte, ein hübsches, brünettes Wesen mit Haarbandeaus und zu großen Füßen, trat auf ihn zu und fragte freundlich, was ihm zu Diensten stehe.

»Ich danke Ihnen«, sagte Hieronymus leise und blickte ihr, Querfalten in seiner kantigen Stirn, ernst in die Augen. »Nicht Sie will ich sprechen, sondern den Inhaber des Geschäftes, Herrn Blüthenzweig.«

Ein wenig zögernd zog sie sich von ihm zurück und nahm ihre Beschäftigung wieder auf. Er stand inmitten des Ladens. Alles, was draußen in einzelnen Beispielen zur Schau gestellt war, es war hier drinnen zwanzigfach zu Hauf getürmt und üppig ausgebreitet: eine Fülle von Farbe, Linie und Form, von Stil, Witz,

Wohlgeschmack und Schönheit. Hieronymus blickte langsam nach beiden Seiten, und dann zog er die Falten seines schwarzen Mantels fester um sich zusammen.

Es waren mehrere Leute im Laden anwesend. An einem der breiten Tische, die sich quer durch den Raum zogen, saß ein Herr in gelbem Anzug und mit schwarzem Ziegenbart und betrachtete eine Mappe mit französischen Zeichnungen, über die er manchmal ein meckerndes Lachen vernehmen ließ. Ein junger Mensch mit einem Aspekt von Schlechtbezahltheit und Pflanzenkost bediente ihn, indem er neue Mappen zur Ansicht herbeischleppte. Dem meckernden Herrn schräg gegenüber prüfte eine vornehme alte Dame moderne Kunststickereien, große Fabelblumen in blassen Tönen, die auf langen, steifen Stielen senkrecht nebeneinander standen. Auch um sie bemühte sich ein Angestellter des Geschäfts. An einem zweiten Tische saß, die Reisemütze auf dem Kopfe und die Holzpfeife im Munde, nachlässig ein Engländer. Durabel gekleidet, glatt rasiert, kalt und unbestimmten Alters, wählte er unter Bronzen, die Herr Blüthenzweig ihm persönlich herzutrug. Die ziere Gestalt eines nackten kleinen Mädchens, welche, unreif und zart gegliedert, ihre Händchen in koketter Keuschheit auf der Brust kreuzte, hielt er am Kopfe erfaßt und musterte sie eingehend, indem er sie langsam um sich selbst drehte.

Herr Blüthenzweig, ein Mann mit kurzem braunen Vollbart und blanken Augen von ebenderselben

Farbe, bewegte sich händereibend um ihn herum, indem er das kleine Mädchen mit allen Vokabeln pries, deren er habhaft werden konnte.

»Hundertfünfzig Mark, Sir«, sagte er auf englisch; »Münchener Kunst, Sir. Sehr lieblich in der Tat. Voller Reiz, wissen Sie. Es ist die Grazie selbst, Sir. Wirklich äußerst hübsch, niedlich und bewunderungswürdig.« Hierauf fiel ihm noch etwas ein, und er sagte: »Höchst anziehend und verlockend.« Dann fing er wieder von vorne an.

Seine Nase lag ein wenig platt auf der Oberlippe, so daß er beständig mit einem leicht fauchenden Geräusch in seinen Schnurrbart schnüffelte. Manchmal näherte er sich dabei dem Käufer in gebückter Haltung, als beröche er ihn. Als Hieronymus eintrat, untersuchte Herr Blüthenzweig ihn flüchtig in eben dieser Weise, widmete sich aber alsbald wieder dem Engländer.

Die vornehme Dame hatte ihre Wahl getroffen und verließ den Laden. Ein neuer Herr trat ein. Herr Blüthenzweig beroch ihn kurz, als wollte er so den Grad seiner Kauffähigkeit erkunden, und überließ es der jungen Buchhalterin, ihn zu bedienen. Der Herr erstand nur eine Fayencebüste Piero's, Sohn des prächtigen Medici, und entfernte sich wieder. Auch der Engländer begann nun aufzubrechen. Er hatte sich das kleine Mädchen zu eigen gemacht und ging unter den Verbeugungen Herrn Blüthenzweigs. Dann wandte sich der Kunsthändler zu Hieronymus und stellte sich vor ihn hin.

»Sie wünschen...«, fragte er ohne viel Demut.

Hieronymus hielt seinen Mantel von innen mit beiden Händen zusammen und blickte Herrn Blüthenzweig fast ohne mit den Wimpern zu zucken ins Gesicht. Er trennte langsam seine dicken Lippen und sagte:

»Ich komme zu Ihnen wegen des Bildes in jenem Fenster dort, der großen Photographie, der Madonna.« – Seine Stimme war belegt und modulationslos.

»Jawohl, ganz recht«, sagte Herr Blüthenzweig lebhaft und begann, sich die Hände zu reiben: »Siebenzig Mark im Rahmen, mein Herr. Es ist unveränderlich... eine erstklassige Reproduktion. Höchst anziehend und reizvoll.«

Hieronymus schwieg. Er neigte seinen Kopf in der Kapuze und sank ein wenig in sich zusammen, während der Kunsthändler sprach; dann richtete er sich wieder auf und sagte:

»Ich bemerke Ihnen im voraus, daß ich nicht in der Lage, noch überhaupt willens bin, irgend etwas zu kaufen. Es tut mir leid, Ihre Erwartungen enttäuschen zu müssen. Ich habe Mitleid mit Ihnen, wenn Ihnen das Schmerz bereitet. Aber erstens bin ich arm, und zweitens liebe ich die Dinge nicht, die Sie feilhalten. Nein, kaufen kann ich nichts.«

»Nicht... also nicht«, sagte Herr Blüthenzweig und schnüffelte stark. »Nun, darf ich fragen...«

»Wie ich Sie zu kennen glaube«, fuhr Hieronymus fort, »so verachten Sie mich darum, daß ich nicht imstande bin, Ihnen etwas abzukaufen...«

»Hm...«, sagte Herr Blüthenzweig. »Nicht doch! Nur...«

»Dennoch bitte ich Sie, mir Gehör zu schenken und meinen Worten Gewicht beizulegen.«

»Gewicht beizulegen. Hm. Darf ich fragen...«

»Sie dürfen fragen«, sagte Hieronymus, »und ich werde Ihnen antworten. Ich bin gekommen, Sie zu bitten, daß Sie jenes Bild, die große Photographie, die Madonna, sogleich aus Ihrem Fenster entfernen und sie niemals wieder zur Schau stellen.«

Herr Blüthenzweig blickte eine Weile stumm in Hieronymus' Gesicht, mit einem Ausdruck, als forderte er ihn auf, über seine abenteuerlichen Worte in Verlegenheit zu geraten. Da dies aber keineswegs geschah, so schnüffelte er heftig und brachte hervor: »Wollen Sie die Güte haben, mir mitzuteilen, ob Sie hier in irgendeiner amtlichen Eigenschaft stehen, die Sie befugt, mir Vorschriften zu machen, oder was Sie eigentlich herführt...«

»O nein«, antwortete Hieronymus; »ich habe weder Amt noch Würde von Staates wegen. Die Macht ist nicht auf meiner Seite, Herr. Was mich herführt, ist allein mein Gewissen.«

Herr Blüthenzweig bewegte nach Worten suchend den Kopf hin und her, blies heftig mit der Nase in seinen Schnurrbart und rang mit der Sprache. Endlich sagte er:

»Ihr Gewissen... Nun, so wollen Sie gefälligst... Notiz davon nehmen... daß Ihr Gewissen für uns eine... eine gänzlich belanglose Einrichtung ist!«

Damit drehte er sich um, ging schnell zu seinem Pult im Hintergrunde des Ladens und begann zu schreiben. Die beiden Ladendiener lachten von Herzen. Auch das hübsche Fräulein kicherte über ihrem Kontobuche. Was den gelben Herrn mit dem schwarzen Ziegenbart betraf, so zeigte es sich, daß er ein Fremder war, denn er verstand augenscheinlich nichts von dem Gespräch, sondern fuhr fort, sich mit den französischen Zeichnungen zu beschäftigen, wobei er von Zeit zu Zeit sein meckerndes Lachen vernehmen ließ. –

»Wollen Sie den Herrn abfertigen«, sagte Herr Blüthenzweig über die Schulter hinweg zu seinem Gehilfen. Dann schrieb er weiter. Der junge Mann mit dem Aspekt von Schlechtbezahltheit und Pflanzenkost trat auf Hieronymus zu, indem er sich des Lachens zu enthalten trachtete, und auch der andere Verkäufer näherte sich.

»Können wir Ihnen sonst irgendwie dienlich sein?« fragte der Schlechtbezahlte sanft. Hieronymus hielt unverwandt seinen leidenden, stumpfen und dennoch durchdringenden Blick auf ihn gerichtet.

»Nein«, sagte er, »sonst können Sie es nicht. Ich bitte Sie, das Madonnenbild unverzüglich aus dem Fenster zu entfernen, und zwar für immer.«

»Oh... Warum?«

»Es ist die heilige Mutter Gottes...«, sagte Hieronymus gedämpft.

»Allerdings... Sie hören ja aber, daß Herr Blüthenzweig nicht geneigt ist, Ihren Wunsch zu erfüllen.«

»Man muß bedenken, daß es die heilige Mutter Gottes ist«, sagte Hieronymus, und sein Kopf zitterte.

»Das ist richtig. – Und weiter? Darf man keine Madonna ausstellen? Darf man keine malen?«

»Nicht so! Nicht so!« sagte Hieronymus beinahe flüsternd, indem er sich hoch emporrichtete und mehrmals heftig den Kopf schüttelte. Seine kantige Stirn unter der Kapuze war ganz von langen und tiefen Querfalten durchfurcht. »Sie wissen sehr wohl, daß es das Laster selbst ist, das ein Mensch dort gemalt hat... die entblößte Wollust! Von zwei schlichten und unbewußten Leuten, die dieses Madonnenbild betrachteten, habe ich mit meinen Ohren gehört, daß es sie an dem Dogma der unbefleckten Empfängnis irremache...«

»Oh, erlauben Sie, nicht darum handelt es sich«, sagte der junge Verkäufer überlegen lächelnd. Er schrieb in seinen Mußestunden eine Broschüre über die moderne Kunstbewegung und wahr sehr wohl imstande, ein gebildetes Gespräch zu führen. »Das Bild ist ein Kunstwerk«, fuhr er fort, »und man muß den Maßstab daranlegen, der ihm gebührt. Es hat allerseits den größten Beifall gehabt. Der Staat hat es angekauft...«

»Ich weiß, daß der Staat es angekauft hat«, sagte Hieronymus. »Ich weiß auch, daß der Maler zweimal beim Regenten gespeist hat. Das Volk spricht davon, und Gott weiß, wie es sich die Tatsache deutet, daß jemand für ein solches Werk zum hochgeehrten Manne wird. Wovon legte diese Tatsache Zeugnis ab? Von der Blindheit der Welt, einer Blindheit, die unfaßlich ist, wenn sie nicht auf schamloser Heuchelei beruht. Dieses Gebilde ist aus Sinnenlust entstanden und wird in Sinnenlust genossen... ist dies wahr oder nicht? Antworten Sie! Antworten auch Sie, Herr Blüthenzweig!«

Eine Pause trat ein. Hieronymus schien allen Ernstes eine Antwort zu verlangen und blickte mit seinen leidenden und durchdringenden braunen Augen abwechselnd auf die beiden Verkäufer, die ihn neugierig und verdutzt anstarrten, und auf Herrn Blüthenzweigs runden Rücken. Es herrschte Stille. Nur der gelbe Herr mit dem schwarzen Ziegenbart ließ, über die französischen Zeichnungen gebeugt, sein meckerndes Lachen vernehmen.

»Es ist wahr!« fuhr Hieronymus fort, und in seiner belegten Stimme bebte eine tiefe Entrüstung... »Sie wagen nicht, es zu leugnen! Wie aber ist es dann möglich, den Verfertiger dieses Gebildes im Ernste zu feiern, als habe er der Menschheit ideale Güter um eines vermehrt? Wie ist es dann möglich, davor zu stehen, sich unbedenklich dem schnöden Genusse hinzugeben, den es verursacht, und sein Gewissen mit dem Worte Schönheit zum Schweigen zu bringen, ja, sich ernstlich einzureden, man überlasse sich dabei einem edlen, erlesenen und höchst menschenwürdigen Zustande? Ist dies ruchlose Unwissenheit oder verworfene Heuchelei? Mein Verstand steht still an dieser Stelle... er steht still vor der absurden Tatsache, daß ein Mensch durch die dumme und zuversichtliche Entfaltung seiner tierischen Triebe auf Erden zu höchstem Ruhme gelangen kann! – Schönheit... Was ist Schönheit? Wodurch wird die Schönheit zutage getrieben und worauf wirkt sie? Es ist unmöglich, dies nicht zu wissen, Herr Blüthenzweig! Wie aber ist es denkbar, eine Sache so sehr zu durchschauen und nicht angesichts ihrer von Ekel und Gram erfüllt zu werden? Es ist verbrecherisch, die Unwissenheit der schamlosen Kinder und kecken Unbedenklichen durch die Erhöhung und frevle Anbetung der Schönheit zu bestätigen, zu bekräftigen und ihr zur Macht zu verhelfen, denn sie sind weit vom Leiden und weiter noch von der Erlösung!... Du blickst schwarz, antworten Sie mir, du, Unbekannter. Das Wissen, sage ich Ihnen, ist die tiefste Qual der Welt; aber es ist das Fegefeuer, ohne dessen läuternde Pein keines Menschen Seele zum Heile gelangt. Nicht kecker Kindersinn und ruchlose Unbefangenheit frommt, Herr Blüthenzweig, sondern jene Erkenntnis, in der die Leidenschaften unseres eklen Fleisches hinsterben und verlöschen.«

Stillschweigen. Der gelbe Herr mit dem schwarzen Ziegenbart meckerte kurz. »Sie müssen nun wohl gehen«, sagte der Schlechtbezahlte sanft.

Aber Hieronymus machte keineswegs Anstalten, zu gehen. Hoch aufgerichtet in seinem Kapuzenmantel, mit brennenden Augen stand er inmitten des Kunstladens, und seine dicken Lippen formten mit hartem und gleichsam rostigem Klange unaufhaltsam verdammende Worte.

»Kunst! rufen sie, Genuß! Schönheit! Hüllt die Welt in Schönheit ein und verleiht jedem Dinge den Adel des Stiles!... Geht mir, Verruchte! Denkt man, mit prunkenden Farben das Elend der Welt zu übertünchen? Glaubt man, mit dem Festlärm des üppigen Wohlgeschmacks das Ächzen der gequälten Erde übertönen zu können? Ihr irrt, Schamlose! Gott läßt sich nicht spotten, und ein Greuel ist in seinen Augen euer frecher Götzendienst der gleißenden Oberfläche!... Du schmähst die Kunst, antworten Sie mir, du, Unbekannter. Sie lügen, sage ich Ihnen, ich schmähe nicht die Kunst! Die Kunst ist kein gewissenloser Trug, der lockend zur Bekräftigung und Bestätigung des Lebens im Fleische reizt! Die Kunst ist die heilige Fackel, die barmherzig hineinleuchte in alle fürchterlichen Tiefen, in alle scham- und gramvollen Abgründe des Daseins; die Kunst ist das göttliche Feuer, das an die Welt gelegt werde, damit sie aufflamme und zergehe samt all ihrer Schande und Marter in erlösendem Mitleid!... Nehmen Sie, Herr Blüthenzweig, nehmen Sie das Werk des berühmten Malers dort aus Ihrem Fenster,... ja, Sie täten gut, es mit einem heißen Feuer zu verbrennen und seine Asche in alle Winde zu streuen, in alle vier Winde!...«

Seine unschöne Stimme brach ab. Er hatte einen heftigen Schritt rückwärts getan, hatte einen Arm der Umhüllung des schwarzen Mantels entrissen, hatte ihn mit leidenschaftlicher Bewegung weit hinausgereckt und wies mit einer seltsam verzerrten, krampfhaft auf und nieder bebenden Hand auf die Auslage, das Schaufenster, dorthin, wo das aufsehenerregende Madonnenbild seinen Platz hatte. In dieser herrischen Haltung verharrte er. Seine große, gehöckerte Nase schien mit einem befehlshaberischen Ausdruck hervorzuspringen, seine dunklen, an der Nasenwurzel stark sich verdickenden Brauen waren so hoch emporgezogen, daß die kantige, von der Kapuze beschattete Stirn ganz in breiten Querfalten lag, und über seinen Wangenhöhlen hatte sich eine hektische Hitze entzündet.

Hier aber wandte Herr Blüthenzweig sich um. Sei es, daß die Zumutung, diese Siebenzig-Mark-Reproduktion zu verbrennen, ihn so aufrichtig entrüstete, oder daß überhaupt Hieronymus' Reden seine Geduld am Ende erschöpft hatten; jedenfalls bot er ein Bild gerechten und starken Zornes. Er wies mit dem Federhalter auf die Ladentür, blies mehrere Male kurz und erregt mit der Nase in den Schnurrbart, rang mit der Sprache und brachte dann mit höchstem Nachdruck hervor:

»Wenn Sie Patron nun nicht augenblicklich von der Bildfläche verschwinden, so lasse ich Ihnen durch den Packer den Abgang erleichtern, verstehen Sie mich?!«

»Oh, Sie schüchtern mich nicht ein, Sie verjagen mich nicht, Sie bringen meine Stimme nicht zum Schweigen!« rief Hieronymus, indem er oberhalb der Brust seine Kapuze mit der Faust zusammenraffte und furchtlos den Kopf schüttelte. – »Ich weiß, daß ich einsam und machtlos bin, und dennoch verstumme ich nicht, bis Sie mich hören, Herr Blüthenzweig! Nehmen Sie das Bild aus Ihrem Fenster und verbrennen Sie es noch heute! Ach, verbrennen Sie nicht dies allein! Verbrennen Sie auch diese Statuetten und Büsten, deren Anblick in Sünde stürzt, verbrennen Sie diese Vasen und Zierate, diese schamlosen Wiedergeburten des Heidentums, diese üppig ausgestatteten Liebesverse! Verbrennen Sie alles, was Ihr Laden birgt, Herr Blüthenzweig, denn es ist ein Unrat in Gottes Augen! Verbrennen, verbrennen, verbrennen Sie es!« rief er außer sich, indem er eine wilde, weite Bewegung rings in die Runde vollführte... »Die Ernte ist reif für den Schnitter... Die Frechheit dieser Zeit durchbricht alle Dämme... Ich aber sage Ihnen...«

»Krauthuber!« ließ Herr Blüthenzweig, einer Tür im Hintergrund zugewandt, mit Anstrengung seine Stimme vernehmen. »Kommen Sie sofort herein!« Das, was infolge dieses Befehls auf dem Schauplatze erschien, war ein massiges und übergewaltiges Etwas, eine ungeheuerliche und strotzende menschliche Erscheinung von schreckeneinflößender Fülle, deren schwellende, quellende, gepolsterte Gliedmaßen überall formlos ineinander übergingen,... eine übermäßige, langsam über den Boden wuchtende und schwer pustende Riesengestalt, genährt mit Malz, ein Sohn des Volkes von fürchterlicher Rüstigkeit! Ein fransenartiger Seehundsschnauzbart war droben in seinem Angesicht bemerkbar, ein gewaltiges, mit Kleister besudeltes Schurzfell bedeckte seinen Leib, und die gelben Ärmel seines Hemdes waren von seinen sagenhaften Armen zurückgerollt.

»Wollen Sie diesem Herrn die Türe öffnen, Krauthuber«, sagte Herr Blüthenzweig, »und, sollte er sie dennoch nicht finden, ihm auf die Straße hinausverhelfen.« »Ha?« sagte der Mann, indem er mit seinen kleinen Elefantenaugen abwechselnd Hieronymus und seinen erzürnten Brotherrn betrachtete... Es war ein dumpfer Laut von mühsam zurückgedämmter Kraft. Dann ging er, mit seinen Tritten alles um sich her erschütternd, zur Tür und öffnete sie. Hieronymus war sehr bleich geworden. »Verbrennen Sie...«, wollte er sagen, aber schon fühlte er sich von einer furchtbaren Übermacht umgewandt, von einer Körperwucht, gegen die kein Widerstand denkbar war, langsam und unaufhaltsam der Tür entgegengedrängt. »Ich bin schwach...«, brachte er hervor. »Mein Fleisch erträgt nicht die Gewalt... es hält nicht stand, nein... Was beweist das? Verbrennen Sie...« Er verstummte. Er befand sich außerhalb des Kunstladens. Herrn Blüthenzweigs riesiger Knecht hatte ihn schließlich mit einem kleinen Stoß und Schwung fahren lassen, so daß er, auf eine Hand gestützt, seitwärts auf die steinerne Stufe niedergesunken war. Und hinter ihm schloß sich klirrend die Glastür. Er richtete sich empor. Er stand aufrecht und hielt schwer atmend mit der einen Faust seine Kapuze oberhalb der Brust zusammengerafft, indes er die andere unter dem Mantel hinabhängen ließ. In seinen Wangenhöhlen lagerte eine graue Blässe; die Flügel seiner großen, gehöckerten Nase blähten und schlossen sich zuckend; seine häßlichen Lippen waren zu dem Ausdruck eines verzweifelten Hasses verzerrt, und seine Augen, von Glut umzogen, schweiften irr und ekstatisch über den schönen Platz.

Er sah nicht die neugierig und lachend auf ihn gerichteten Blicke. Er sah auf der Mosaikfläche vor der großen Loggia die Eitelkeiten der Welt, die Maskenkostüme der Künstlerfeste, die Zierate, Vasen, Schmuckstücke und Stilgegenstände, die nackten Statuen und Frauenbüsten, die malerischen Wiedergeburten des Heidentums, die Porträts der berühmten Schönheiten von Meisterhand, die üppig ausgestatteten Liebesverse und Propagandaschriften der Kunst pyramidenartig aufgetürmt und unter dem Jubelschrei des durch seine furchtbaren Worte geknechteten Volkes in prasselnde Flammen aufgehen. ... Er sah gegen die gelbliche Wolkenwand, die von der Theatinerstraße heraufgezogen war und in der es leise donnerte, ein breites Feuerschwert stehen, das sich im Schwefellicht über die frohe Stadt hinreckte...

»Gladius Dei super terram...«, flüsterten seine dicken Lippen, und in seinem Kapuzenmantel sich höher emporrichtend, mit einem versteckten und krampfigen Schütteln seiner hinabhängenden Faust, murmelte er bebend: »Cito et velociter!«

JOACHIM BARTELS

Kennen Sie sich aus in München?

Ein Test für Münchner, für solche, die sich für Münchner halten, und für Nordlichter, die meinen, mit München um die Wette leuchten zu können.

A. Nehmen wir einmal an, Sie wohnen in München. Wovon würden Sie dann leben?
   1. Von meinen königlichen Mieteinnahmen als Hausbesitzer. Jedenfalls nicht von *Fisch*semmeln. Schon schlimm genug, daß man hier norddeutsches sogenanntes »Bier« ausschenkt. (Recht so. 3 Punkte)
   2. Von der Hoffnung auf einen saftigen Lottogewinn, weil ich hier sonst bald nicht länger leben kann. Und von Pils und Fischbrötchen, aber nur, wenn keiner guckt.
   (Armes Ding, hier »guckt« man nicht. 2 Punkte)

3. Von, warten Sie mal, das hab' ich auswendig gelernt: Von Beuscherl, Lüngerl, Züngerl, Tafelspitzerl und Steckerlfisch, von Weißwürsterl, nicht älter als bis 12 Uhr, von Radler- und von Russengras, äh -maß.
(Jajaja, Preißerl. 1 Punkt)
4. Tja, wovon? Vielleicht könnten die mal einen Gemüsehändler auf dem Viktualienmarkt brauchen? Oder einen, der ihnen ein vernünftiges Dach übers Olympiastadion baut?
(Bädasui-Hirn. 0 Punkte)

B. Ein Ortsfremder fragt Sie nach interessanten Plätzen in München. Wohin schicken Sie ihn?
1. Über die Schwanthaler Höh' ins Westend, den Saupreißn, falls er ein Auto dabei hat. Wenn ein Münchner schon zwei Tage braucht, um aus diesem depperten Einbahnstraßensystem wieder herauszukommen, geht hoffentlich dem sein ganzer Bayern-Urlaub drauf.
(Hinterpfotzig, aber schlau. 3 Punkte)
2. Nein, nicht ins Westend. Da findet er nachher noch auf der Schwanthaler Höh' die Bavaria oder die Ruhmeshalle. Der muß hin, wo's nichts Münchnerisches gibt: in den Englischen Garten. Da hat er ein griechisches Tempelchen, einen chinesischen Turm, ein japanisches Teehaus, englische Denkmäler und den Kleinhesseloher See.
(Auch nicht ganz dumm. 2 Punkte)

3. Deutsches Museum/Flugzeughalle, Sightseeing-Tour durch die Bavaria-Studios und Postkartenstand in der Alten Pinakothek.
   (Nix da! 1 Punkt)
4. Ich schicke ihn ins überkochende Münchner Nachtleben und durch die innovativ-revolutionäre Kulturszene der Stadt.
   (Naa. Absoluter Nullpunkt)

C. Was ist für Sie denn die dunkle Seite Münchens?
   1. Der Föhn freilich. Der hat an allem und jedem schuld. An den steigenden Bierpreisen, der »Unendlichen Geschichte«, daran, daß Wagner hier die »Walküre« geschrieben und der Aloisius die göttliche Botschaft verschlampt hat, daß mir mein eigener Zamperl in die Waden beißt und am ewigen Granteln!
      (Ge-nau. 3 Punkte)
   2. Die Nackerten im Englischen Garten und an der Isar! Einmal zu scharf hingeschaut, schon als Voyeur verhaftet!
      (Hihi! 2 Punkte)
   3. Die Lage. Ich fahr' im Urlaub lieber an die See. Wär' das nicht was? München auf Sylt? Paßt doch, oder?
      (Irgendwie schon. 1 Punkt)
   4. Der TSV 1860 und seine wilden Fans.
      (Pfui! Bazi! Minuspunkte!)

D. Eine uniformierte Person spricht Sie an mit den Worten: »Sie da, gengasmawegda, tun's Ihre Pratzen weg von dem Oachkatzlschwoaf!« Wo befinden Sie sich in diesem Moment?
   1. Im Donisl oder im Augustiner-Keller. Im Tierpark war ich vor fünf Jahren zuletzt, das reicht. Und das Kleingetier da interessiert mich sowieso nicht.
   (Prost! 3 Punkte)
   2. Nun, im Tierpark Hellabrunn, wo mich ein Wärter höflich darauf hinweist, daß ich auch die Katzenschwänze nicht berühren darf.
   (Fast. 2 Punkte)
   3. »Oktoberschwoof«, da kann ich ja nur auf der Wies'n sein. Aber wieso uniformierte Person? Schön, ich habe gröhlend auf den Tischen getanzt, aber das ist doch kein Grund, gleich die Polizei...
   (Danke, reicht. 1 Punkt)
   4. Ich glaube eher, ich bin bei der Lach- und Schießgesellschaft, wo man einen Sketch bringt, in dem ein Norddeutscher parodiert wird, der versucht, Bayerisch zu reden und mit Plattdeutsch durcheinanderkommt.
   (Richtig, aber gengasmaweg! 0 Punkte)

Auswertung:

13 – 16 Punkte:
Sie kennen sich in München aus wie ein Münchner. Sagen Sie bloß, Sie sind Münchner. Dann sind Sie ja im Himmel! Ach so, in Giesing müssen Sie wohnen. Na, trösten Sie sich, es gibt welche, die müssen sogar in Hamburg wohnen. Grauslich, gell?

6 – 12 Punkte:
Sie, Zuagroaster, mögen vielleicht bei den Touristen als authentischer Münchner durchgehen, aber ein Eingeborener wird Sie erkennen, solange Ihnen beim Maßtrinken das Bier immer noch über den Glasrand schwappt.

4 – 5 Punkte:
Na, Tourist? Freuen Sie sich, denn als solcher sind Sie innerhalb der Münchner Stadtgrenzen der einzige, der einigermaßen Freiheit genießt: Narrenfreiheit im Hofbräuhaus und Vogelfreiheit auf dem Oktoberfest.

0 Punkte und darunter:
Gut, Sie haben einmal ein Modell der Frauenkirche in Legoland gesehen, aber in München waren Sie nie im Leben. Und sollten Sie da jemals hinkommen, wird man Sie wahrscheinlich im Karl-Valentin-Musäum als das personifizierte Elend ausstopfen.

HERBERT ROSENDORFER

Stadtteilkunde

Im wesentlichen ballt sich der Preuß in München um das Siemens-Werk in der Hofmannstraße. Das hat insofern seine Vorteile, als andere Stadtteile dadurch weniger von der Verpreußung in Mitleidenschaft gezogen werden. So ist es möglich, daß es noch typisch münchnerische Stadtteile gibt. Giesing ist als besonders geschert bis über die Grenzen Bayerns hinaus berühmt. Wie – angeblich – in Wedding die berlinerischsten Berliner und in Ottakring die wienerischsten Wiener wohnen, so leben, sagt man, in Giesing, zwischen der Isar und der Tegernseer Landstraße herum, die münchnerischsten Münchner. Das stimmt und auch nicht. Wie immer bei solchen halbkennerischen Verallgemeinerungen ist etwas Wahres dran; so befinden sich – im Fall Giesing – tatsächlich zwei enorm münchnerische Einrichtungen auf giesingerischen Gemarkungen: das Sechzger-Stadion und die Strafanstalt Stadelheim. Das traditionsreiche und in seinen Dimensionen eher gemütliche Sechzger-Stadion an der Grünwalderstraße wurde 1972 durch das Olympiastadion, ein Bauwerk vom architektonischen Charme einer Klosettschüssel verbunden mit einem Regenschirmgestänge, ersetzt. Im Sechzger-Stadion finden seitdem nur noch Fußballspiele der Altherrenmannschaften von FC Wacker gegen die Patientenmannschaft der nahegelegenen Orthopädischen Klinik statt. Die sog. »großen« Spiele sind ins Olympiastadion verlegt. Daß es seitdem mit dem Fußball bergab geht, wundert keinen Münchner.

Wer aber die Verhältnisse genauer kennt, weiß, daß Alt-Münchnerisches an weit weniger bekannten, ja verborgenen Plätzen viel eher zu finden ist. Die Au – der an Giesing nördlich anschließende Stadtteil und diesem in den soziologischen Gegebenheiten verwandt – wurde im Krieg dadurch schwer getroffen, daß die alte Au, die aus einem Gewirr winziger Häuschen (sogenannter »Herbergen«) bestand, fast völlig zerbombt wurde. Die Auer Dult – ein spezieller Jahrmarkt – gibt es zwar noch, sie ist aber längst in den

Sog des pseudomünchnerischen »Weltstadt-mit-Herz«-Images geraten. Wie urmünchnerisch die Au war, kann ich selber noch bezeugen. Ich bin in der Au – in der Volksschule am Mariahilfplatz – in die Schule gegangen; das war im ersten Kriegsjahr. Als die etwa vierzig Schüler meiner Klasse zu Beginn des Schuljahres nach ihrem Geburtsort abgefragt wurden, stellte sich heraus, daß alle, bis auf zwei, in München geboren worden waren. Von den zweien war einer ich, aus Bozen gebürtig, sozusagen ein früher Flüchtling, der andere war in Rosenheim zur Welt gekommen, was damals in der Au noch fast als exotisch empfunden wurde. Als ich dann einige Jahre nach dem Krieg wieder nach München und in die Frühlings-Oberrealschule am Regerplatz kam (am Hochufer der Isar über der Au, strenggenommen schon zu Haidhausen gehörig), waren unter dreißig Schülern vielleicht noch zwei gebürtige Münchner. Heute beherbergt die Volksschule am Mariahilfplatz zu 50% Klassen, in denen muttersprachlich-türkischer Unterricht erteilt wird.

Dennoch gibt es in der Au noch ein paar Stellen, an denen ein fast biedermeierliches München hervorblitzt, ein sozusagen frühproletarisches Biedermeier: in der Mondstraße oder hinten am jetzt schon fast ganz überbauten Auer Mühlbach. Nicht umsonst ist die Au die engere Heimat Karl Valentins, der in der Zeppelinstraße geboren wurde und in der Au aufwuchs. Und notabene! dieselbe Volksschule besuchte wie der Verfasser dieses.

Feldm[oching]
Allach (1938)
Ludwigsfeld 1938
Langwied (1942)
Untermenzing (1938)
Moosach
Obermenzing (1938)
Nymphenbu[rg]
Aubing (1942)
Pasing (1938)
Laim (1900)
Großhadern (1938)
Send[ling]
Forstenried (1912)
Th[alkirchen]
Solln (1938)

0 — 5 km

Map of Munich districts with incorporation dates:

- (1938)
- ...ilbertshofen (1913)
- Freimann (1931)
- Stadtkreisgrenze 1900
- Schwabing (1890)
- Oberföhring (1913)
- Daglfing (1930)
- Bogenhausen (1892)
- Riem (1937)
- Haidhausen (1854)
- Berg am Laim (1913)
- Trudering (1932)
- 846
- Au (1854)
- Ramersdorf (1864)
- Giesing (1854)
- Perlach (1930)

Giesing und die Au liegen rechts der Isar, das heißt
– historisch gesehen – außerhalb Münchens. Das
alte, das ganz alte München lag nämlich ziemlich weit
weg von der Isar, noch im 18. Jahrhundert floß die
Isar »weit draußen« vor den Mauern, und zwischen
den Wällen und der Isar fand sich eine ganze Reihe
von Dörfern und Vorstädten. Erst nach der Niederlegung der Stadtbefestigung und mit den großzügigen
Stadtplanungen der Könige Ludwig I. und Max II.
begann die Stadt ihre Vorstädte und auch die Dörfer
jenseits der Isar zu überwuchern. Während die Altstadt im weiteren Sinn – die Stadt innerhalb des sogenannten »Zweiten Mauerrings« von 1600, den die
Stadt bis 1820 nicht sprengte – umgekrempelt und
im klassizistischen Sinn renoviert wurde, ergoß sich
wie mit ungeheurem Druck eine »Baumasse« vom
Zentrum aus nach allen Seiten hinaus in das Vakuum
zwischen die alten Trabantendörfer. So blieb in der
Altstadt vor lauter Klassizismus nichts Alt-Münchnerisches übrig, nur in den eigenartigen dörflichen
Kernen inmitten der Großstadtlava der Gründerzeit
hat es sich sozusagen kristallisch erhalten. Im Dorf
Sendling, das von dem neuen Stadtteil Fürstenried
aus gesehen »mitten in der Stadt« liegt, gab es bis vor
wenigen Jahren noch an einer Straße mit tosendem
Verkehr einen richtigen Bauernhof mit Misthaufen
und allem. Gegenüber liegen die Kirche – die alte
Sendlinger Kirche, das Muster einer prächtigen bayrischen Dorfkirche –, der Pfarrhof, der Friedhof und
das Gasthaus. Wenn man sich die Verkehrsschilder,

die Autolawinen und vor allem den Lärm und den Gestank wegdenkt, so hat man ein Idyll. Aber das half dem Sendlinger Bauern nicht viel, wenn er mit dem Heufuhrwerk an seinem Scheunentor warten mußte, bis endlich an der Ampel grün kam.

Ähnlich alt-münchnerische Kristalle finden sich in Harlaching, in Laim, in Großhadern, in Menzing, Allach und Feldmoching; eben in allen Dorfkernen um München, wobei das aber, wie gesagt, strenggenommen nicht alt-münchnerisch, sondern alt-harlachingerisch, alt-menzingerisch usf. ist. Das Selbstbewußtsein der einzelnen Stadtteile manifestiert sich nicht nur in den regionalen Publikationsorganen (»Neuhauser Anzeiger«, »Sollner Kurier«) und in der Wahl eigener Faschingsprinzen, deren Umzüge meistens viel lustiger sind als der »offizielle« gesamtmünchnerische, sondern selbstverständlich auch in speziellen und eigenen Schutzpatronen. Neuhausen hat den Seligen Winthir zum Patron, einen Einsiedler, der vor vielen Jahrhunderten dort gelebt hat. Der Pfarrer von Neuhausen (die Pfarrei heißt Herz-Jesu), einer der eigenwilligsten Geistlichen in München, er heißt Fritz Betzwieser und kann an dieser Stelle nicht anders als damit charakterisiert werden, daß seine wundersamen

Züge und die *wahren* Anekdoten über ihn ein eigenes Buch vom Umfang dieses hier füllen würden; die *unwahren* Anekdoten über ihn wären nur in Lexikon-Format zu behandeln; dieser H. H. Pfarrer Betzwieser hat eine Kiste Whisky ausgelobt für den Vater, der seinen Sohn »Winthir« nennen würde. Einer hat es bisher gewagt, allerdings nur für den zweiten Vornamen: Max Winthir... er bekam eine Kiste Sekt.

Im übrigen liegt südlich des Kanals »Neuhausen« und nördlich »Gern«. Auch Gern war noch zu Anfang unseres Jahrhunderts eine dörfliche Siedlung. Hinter den »Kapitalistenbehausungen« am Nymphenburger Kanal finden sich an der Tizian- und Malsenstraße die hübschesten Biedermeierhäuser ganz Münchens. Dort gibt es auch noch kleine Milch- und Bäckerläden, und vor einem dieser Läden habe ich das Gespräch zweier alter Frauen gehört, denn ich habe eine Zeitlang dort gewohnt.

»Mei«, sagte die eine zur andern, »jetzt wohn' i schon 54 Jahr' in der Böcklinstraß' und bin scho fast a echte Gernerin. Jetzt is mir die Wohnung kündigt worn, und i muaß naus.« »Wo ziag'n S' denn hin?« fragte die andere. »O mei, o mei«, antwortete die erste, »nach Freimann. I komm' mir vor wie a Zigeuner.« Die alte Frau hätte genausogut nach Husum ziehen können; sie wäre sich dort nicht fremder vorgekommen. »Übrigens«, fügte sie noch hinzu, »gebürtig bin i eigentlich vo Berg am Laim, aber da bin i, seit mei Muatta vor 40 Jahr' g'storb'n is, nimmer hinkommen.«

Neben dem schönen und eher feinen Bogenhausen nimmt innerhalb der Geosoziologie Münchens Schwabing einen besonderen Platz ein. Es ist schon fast überflüssig, über Schwabing etwas zu sagen. Nur so viel: Auch Schwabing war ein Dorf. Ein paar Winkel um die Sylvesterkirche herum, an der Käfer- und Osterwaldstraße, geben das noch zu erkennen. Dann wurde es um die Jahrhundertwende das »Wahnmoching« der (allerdings meist preußischen) Künstler und Dichter, um nach dem Zweiten Weltkrieg ein Tummelplatz für billige Gaudi um teures Geld zu werden. Aber es wäre trotz allem ungerecht, Schwabing damit abzutun. Wenn auch die Leopoldstraße durch Betonieren des Leopoldparks und der Feilitzschplatz durch das offenbar von einem Designer für Herrenkosmetika-Verpackungen entworfene »Schwabinger Bräu« ruiniert sind, so hat doch Schwabing einen steten Glanz, dem man sich nicht entziehen kann.

Auch das Lehel – oder Lechel – gehört eigentlich nicht zur Altstadt. Es ist das jener schmale Strich, der sich zwischen den unmittelbar den Wällen vorgelagerten St. Anna- und Isar-Vorstädten und der Isar hinzog. Das Lehel war seit eh und je ein anrüchiges Viertel. Heute wird es von Versicherungs-Gesellschaften beherrscht. Dennoch finden sich im Lehel (zwischen Maximiliansbrücke und Annaplatz bis knapp an die Tivolibrücke) herzerfrischend alt-proletarische Häuserzeilen, schöne Wirtschaften und lebensgefährliche Stehausschanken. In letzter Zeit ist das Lehel – sonst ein Geheimtip unter Kennern – durch eine nahe an Revolte grenzende Bürgerinitiative bekanntgeworden, die den Ausverkauf des Lehels an die Versicherungen verhindern will. Es wird natürlich umsonst sein, da half auch jener geheimnisvolle Mann nichts, der vorwiegend im Lehel das Wort *Heiduk* in großen Buchstaben an alle Wände schrieb, ein früher, geheimnisvoller Vorläufer des segensreichen, nicht genug zu lobenden »Sprayers von Zürich«. Eine ganz andere Sache sind die beiden Franzosenviertel in München. Nicht, daß dort Franzosen wohnten, nein, das bezieht sich nur auf die Straßennamen. Man kann an den Namen ablesen, wann die Straßen gebaut wurden. Das eine Franzosenviertel fängt am Stachus hinter dem Alten Botanischen Garten an und entstand nach den »Befreiungskriegen«. Daß dieses Viertel ein Franzosenviertel ist, weiß schon fast niemand mehr. Die »Barer Straße« heißt so nach dem Gefecht von Bar-sur-Aube am 27. 2. 1814, die »Brienner Straße« nach dem Gefecht bei Brienne-le-Château am 29. 1. 1814 und die »Arcisstraße« nach der Schlacht bei Arcis-sur-Aube am 20. und 21. 3. 1814. Wie wenig Arcis-sur-Aube (nebenbei die Geburtsstadt Dantons) mit der Münchner Arcisstraße zu tun hat, ist aus der Aussprache zu ersehen. Der Münchner sagt: Artziß-Straße, selbstverständlich auch der Münchner, der Französisch kann. Man hat auch keine Skrupel, einen Kammembert (Camembert) im Geschäft zu verlangen. Zu dieser Aussprache haben sich sogar in München heimisch gewordene Franzosen bequemt.

Das zweite, ausgedehntere Franzosenviertel lagert um den Ostbahnhof. Es wurde in den siebziger Jahren des vorigen Jahrhunderts erstellt, und die Straßen heißen demzufolge: »Orléansstraße« (nach den Schlachten bei und um Orléans vom 6. 10. bis 5. 12. 1870, an denen sich das 1. bayerische Korps beteiligte), »Pariser Straße«, sowieso, auch »Sedanstraße«, »Weißenburger Platz« (4. August 1870, 2. bayerisches Korps unter Bothmer gegen die 2. französische Division und das 1. Korps unter Douay und Mac-Mahon), »Wörthstraße« (6. August 1870), »Bazeillesstraße« und »Balanstraße«. Bazeilles, ein Dorf bei Sedan, wurde am 1. 9. 1870 vom 1. bayerischen Korps unter Von der Tann nach sechsstündigem Kampf gegen die französische Marineinfanterie genommen, wonach die Bayern mit dem Sturm auf Balan, einen Vorort von Sedan, die eigentliche Schlacht um Sedan eröffneten; selbstverständlich wurden sowohl Bazeilles als auch Balan dem ohnedies maltraitierten Erdboden gleichgemacht.

Zu Ehren jenes anonymen Halbgottes, der die Münchner Straßennamen ausheckt, sei in diesem Zusammenhang vermerkt, daß nicht nur Schlachten mit siegreichem Ausgang zugunsten der Bayern in Straßennamen verewigt werden. Auch eigene Niederlagen werden verherrlicht. Wo gibt es das sonst auf der Welt? Die »Hanauer Straße« erinnert an eine der schmählichsten Schlappen bayrischer Waffen am 29. und 30. Oktober 1813, als der nach der Völkerschlacht bei Leipzig mit dem Rest seines Heeres fliehende Napoleon sozusagen mit der linken Hand seinem ehemaligen Verbündeten, dem bayerischen General Fürsten Wrede, der ihm gern ein Bein gestellt hätte, eine vernichtende Ohrfeige verabreichte. Das war bei Hanau im Hessischen. Man könnte einwenden, daß die »Hanauer Straße« nicht nach der peinlichen Schlacht so benannt sei, sondern ganz allgemein zu Ehren der Stadt Hanau. Nein, denn was kümmerte uns in München irgendeine kurhessische Kreisstadt (auch wenn in ihr die Gebrüder Grimm geboren sind)? Ist doch nicht einmal die kurhessische Hauptstadt Kassel durch eine »Kasseler Straße« geehrt. Und dann ist die Umgebung der »Hanauer Straße« ausgesprochen militärisch: Richthofen-, Manteuffel-, Gneisenau-, Dessauer- und Scharnhorststraße münden in die Hanauer Straße ... lauter preußische G'schwollköpf'. Der anonyme Halbgott muß einmal einen masochistischen Tag gehabt haben.

Zwei Münchner stehen am Marienplatz. Ein Norddeutscher fragt sie: »Sagen Sie mal, wie komm ick denn hier zum Hofbräuhaus?« – Keine Antwort. – Da fragt er: »Do you speak English?« – Keine Antwort. – Er fragt: »Parlez-vous français?« – Keine Antwort. – »Parla italiano?« – Keine Antwort. – Er fragt sie auch noch auf Spanisch, Russisch, Türkisch. – Keine Antwort. Der Fremde dreht sich um und geht. – Da sagt der eine Münchner zum andern: »Gell, allerhand, was so a Preiß für an Haufa Sprachn ko!« – Der andere meint: »Und was hat's eahm gnutzt?«

Vor einem Geflügelstand auf dem Viktualienmarkt steht eine Dame. Die Marktfrau redet sie an: »Was kriang ma denn, gnä Frau? Recht schöne Ganserl hätt i da, net z'fett, net z'mager!« – »Aber die Gänse sind doch ganz blau!« meint die Dame. – Da geht die Standlfrau auf: »A so müassn S' daherredn, Sie Rupfa, Sie greislicha! Legn Eahna Sie amal acht Tag nackad da her, nacha san Sie aa blau, Sie Bixlmadam, Sie zammazupfte!«

WOLFGANG KOEPPEN
Beten am Marienplatz

Napoleon hat den Markusplatz in Venedig den schönsten Ballsaal Europas genannt. Ich möchte den Marienplatz in München ein anheimelndes Wohnzimmer heißen, die geräumige Diele eines stattlichen, einst großbürgerlichen, auf Ansehen und überkommene Sitte bedachten, jetzt freundlicheren unbedrückten Hauses, offen für jedermann, auch für den Fremden, den Armen; den Wanderern, dem Unbehausten eine Ruheplatz. Leider oft den Seßhaften und Handeltreibenden ein Ärgernis.

Seit die Fußgängerzone geschaffen wurde, ein eigentlich unglaubliches Wort, das den Fußgänger in ein Getto schickt, von der Stadt eingerichtet gegen Ende des 20. Jahrhunderts, um den Menschen das Menschenrecht am Gebrauch ihrer Füße wiederzugeben, seit weiße Stühle, Symbole der Reinheit oder des Luxus auf den Marienplatz gestellt wurden, unnötig, überflüssig, wie sich später zeigte, denn unter den Gästen bildeten sich bald Gruppen, Sympathiegemeinschaften, die sich gleich und keiner Konvention unterworfen auf das Pflaster setzten, in der Runde musizierten, sich unterhielten, miteinander spielten, selbst rangen oder sich einfach lang hinstreckten, auf einem Wandersack zu schlafen, zu träumen, der Liebe nah, seitdem sitze ich da an stillen Abenden, allein, ein Angesprochener, ein Beobachter, emigriert von den Verzückungen und Geschäften der Leopoldstraße, nicht länger verführbar von dem bunten Tausch, der Vermischung von Leben und Film.

Marienplatz, Hauptplatz des alten München, ein Topf voll Geschichte, ein Bewußtsein des Unaufhörlichen. Ich war, ich bin, ich werde sein. Türme blicken auf den Platz herab. Wenn alle ihre Glocken schlagen, baut noch einmal, vielleicht zum letztenmal der mächtige Klang der Stadt die schöne christliche Vorstellung von der Einheit der Welt. Vor der Mariensäule beten die Gläubigen. Diese sind nicht auf Weltgewinn aus. Sie flehen um eine warme Stube, den Erhalt der Rente, ein menschliches Altersheim zu kleinen Preisen. Die Frommen sollten der beherrschende Mittelpunkt sein, sind aber leider nur eine graue Zelle. Sie rücken eng zusammen und verschließen sich beharrlich der neuen Lust des Ortes. Fast alle alte Frauen, gebeugt von einem schweren Leben und in Furcht und Zittern vor dem nahen Ende. Der Priester, der unter ihnen vor einem Lautsprechergerät steht, das er wie jeder Werbemann benutzt, vermag sie nicht zu trösten. Er weiß es. Ich hoffe, er leidet. Sein Gesicht ist noch unglücklicher als das seiner Schar. Ja, es stimmt traurig. Was ist hier geschehen? Wer, wenn nicht der Christ, sollte fröhlich sein? Wem ist mehr versprochen worden über den Tod hinaus?

Um die Mariensäule, um ihren Mythos, um die Gemeinde herum, lagert die Internationale der Jugend. Sie glaubt nichts, es sei denn an das Leben. Sie ist fröhlich. Sie hat kein Ziel, doch eine Gegenwart, die sie genießt.

FRANZ HOHLER

Die Asamkirche

Heute möchte ich einmal die Asamkirche ansehen, damit ich genau so wie der Bekannte, dem ich gestern meine Absicht mitteilte, diese Kirche zu besuchen, in einem ähnlichen Fall, das heißt wenn mir jemand sagen würde, er möchte diese Kirche besuchen, oder wenn mich gar jemand fragen würde, ob es sich lohne, diese Kirche zu besuchen, damit ich also dann, wie jener Bekannte, nicken kann und sagen: Ja, die Asamkirche ist sehr schön.

Unterwegs komme ich an einer riesigen Grube vorbei, deren Bauherr die Bayerische Staatsschuldenverwaltung ist, wie ich auf dem Schild daneben lese. Erst jetzt wird mir bewußt, daß auch Schulden verwaltet werden müssen, wie Vermögen, und daß dafür Leute beschäftigt werden müssen, die in Häusern an Schreibtischen sitzen und dauernd an diesen Schulden herumrechnen, so wie es Leute gibt, die dauernd an den Vermögen herumrechnen, ja, daß wahrscheinlich Schulden und Vermögen irgendwie das gleiche sind.

In der Innenstadt gerate ich, dem Sog der Leute folgend, in die schön angestrichene Gegend, welche nur Fußgängern offen ist, und höre hier das Geräusch der unzähligen Schuhe, welche diesen Boden gehend, schlurfend oder eilend berühren.

Da ich nicht genau weiß, wo die Asamkirche ist, trete ich in die erste Kirche ein, die mir weniger durch ihre Fassade als durch den aus ihrer geöffneten Türe ausströmenden Geruch aufgefallen ist. Den Stil erkenne ich sogleich als klassizistisch, es kann also nicht die Asamkirche sein, die mir als barock bekannt ist. Das Muster des Deckengewölbes erscheint mir wie ein Vorläufer zu den Konkreten, zu Bill zum Beispiel, um nur einen zu nennen, da ich keinen anderen weiß. Diese Kirche wird tatsächlich zum Beten benutzt, es hat Leute, die hineinkommen und kurz hinknien, ich gehe also wieder hinaus.

In einem Schaufenster bemerke ich, wie dumm ich in meiner an den Enden leicht nach unten gebogenen grünlichen Polaroid-Sonnenbrille aussehe, die ich mir kürzlich gekauft habe, und nehme sie wieder ab. Etwas später allerdings frage ich mich, warum ich eigentlich nicht dumm aussehen soll, und setze sie wieder auf.

Im Eingangsraum der nächsten Kirche, die auch wieder nicht die Asamkirche ist, bietet mir ein schöner junger Priester einen Prospekt über die Marianische Kongregation an, den ich nehme, aber nicht lese.

Auf den platzartigen Erweiterungen der Straße hat die Stadt München Stühle hingestellt, auf die man sich setzen kann, wenn man müde ist oder wenn man sich einfach einen Moment setzen will. Ich will mich einfach einen Moment setzen, bin aber nicht müde und stehe bald wieder auf.

Beim Karlstor lasse ich mich von der Rolltreppe in die große Unterführung hinabbringen. Wenn man noch einen Stock tiefer will, führt einen die Rolltreppe unter einer Reihe von durchsichtigen Telefonkabinen durch, in denen Leute in verschiedenen Stellungen und mit verschiedenen Handtaschen nachdrücklich in die Muscheln zu andern, hier nicht sichtbaren Leuten sprechen, die irgendwo anders ebenfalls in verschiedenen Stellungen, wenn auch vielleicht ohne Handtaschen, zuhören, was die Leute über den Rolltreppen unter dem Karlstor gerade zu sagen haben, ihnen vielleicht auch etwas erwidern, was die Leute in den durchsichtigen Kabinen wiederum zu einer Antwort zwingt, oder auch nur dazu, noch mehr Münzen in den Apparat zu drücken.

Andere Leute verpflegen sich hastig an den Imbißständen, indem sie diesen Ständen den Rücken zukehren und leicht vornübergebeugt in irgend etwas Heißes beißen, das sie gerade gekauft haben. In den Ständen selbst werden längliche Brötchen auf Metallstangen gespießt, bevor man sie mit Würstchen ausstopft und Leuten wie den eben erwähnten zum Verzehr anbietet.

An einem zugigen Aufgang stehen zwei dunkle

Mädchen und halten todesmutig die italienische Ausgabe des »Wachtturmes« vor sich hin.

Hier unten wirken die Leute noch zielbewußter, alle streben einer bestimmten Rolltreppe zu. Ich komme an einem Informationsbüro vorbei, verlange zuerst einen Stadtplan und lasse mir dann darauf zeigen, wo die Asamkirche ist. Das Fräulein zeichnet den Punkt an und macht auch ein Kreislein um die Stelle, wo sie mir gerade dieses Kreislein macht. Hier sind wir, sagt sie dazu, mit einer angenehmen Betonung auf wir.

Die Sauberkeit bei der Umhergeherei von soviel Leuten ist eigentlich erstaunlich. Die wenigen Bettler haben Mühe, die für Bettler typischen Eckchen zu finden, man hat das Gefühl, sie müssen sich richtig zusammenfalten, um noch ins Bild zu passen.

Später, der Sendlinger Straße zustrebend, auch ich jetzt mit einem Ziel, sehe ich auf einer Treppe, von einigen Menschen umstanden, eine hingefallene Frau, der beim Sturz die Brille zerbrochen ist und die nicht mehr aufstehen kann, ein Wagen der Polizei hält soeben an, und ein Mann informiert den aussteigenden Polizisten über die Einzelheiten des Sturzes dieser Frau.

Jetzt habe ich die Asamkirche erreicht und trete ein. Sie ist sehr schmal und wird gerade renoviert, ist daher innen fast vollständig mit einem Gerüst aufgefüllt, wodurch sie noch schmaler wirkt. Einige Arbeiter besprechen sich gerade über das weitere Vorgehen bei der Renovationsarbeit.

Nachher gehe ich essen und breite eine hauchdünne Papierserviette über mein Knie, auf welcher steht. »Die Familie Schneele wünscht guten Appetit.« Ich stelle mir eine ganze Familie vor, die freundlich nikkend meinen Tisch umringt und esse eher unruhig.

Vor dem Fenster, an dem ich sitze, läßt sich am Tisch im Freien ein altes Ehepaar nieder, und der Mann nimmt einen Igel aus der Tasche, den die beiden offenbar als Haustier halten, läßt ihn auf dem Tisch spazieren, die Frau drückt ihn an die Wange und streichelt ihn, und sofort stehen Passanten still und beginnen mit den Igelhaltern über den Igel zu sprechen. Beim Hinausgehen höre ich, daß der Igel »Mecki« heißt.

Ein Invalider rollt in einem Stuhl auf zwei sitzende Frauen zu und bietet ihnen große Postkarten zum Kauf an, die man als Briefe frankieren muß.

Für den Haushalt ist diese Größe handlicher, sagt eine Verkäuferin an einem Stand, und nachher, als ich eine Kinokarte löse, fragt mich die Kassiererin, für die Flasche? Der Film heißt »Die große Flasche«, außer ein paar Kindern und mir sitzt niemand drin, und im Vorspann wird unter anderem ein Mann erwähnt, der für »Continuity« verantwortlich ist, also wohl für die Kontinuität, das sehe ich zum erstenmal.

»Hinterstellte Räder werden entfernt«, lese ich noch an der Wand eines Bank- oder Verwaltungsgebäudes, als ich gegen Abend in die Amalienstraße zurückgehe.

Karl Valentin

Englischer Garten

LIESL KARLSTADT: Hier biegen wir in den Englischen Garten ein. Die früheren Isarauen wurden von dem letzten Kurfürsten zu einer großen Parkanlage ausgenutzt.

KARL VALENTIN: Hier sehen Sie Bäume und ebensolche Fußwege. Hier auf dem Bergesgipfel erblicken Sie der Monopteros. Von unten kann man zu demselben hinaufschauen, was man von oben aus nicht kann.

KARLSTATD: Hier sehen Sie einen der schönsten Wasserfälle.

VALENTIN: Es ist dies eine traurige Kopie des Niagarafalles.

KARLSTADT: In langsamen Tempo fahren wir zum Chinesischen Turm.

VALENTIN: Derselbe ist unten breit und wird nach oben zu viermal schmäler. In der Mitte des Englischen Gartens ist der Kleinhesseloher See. Der See darf von Fußgängern nicht betreten werden.

Axel Hacke

Eisbach marsch!

Wie ich einmal München erfand

Ach, ich weiß noch genau, wie ich seinerzeit die Stadt München gegründet habe, als ich an einem hellen Frühlingstag von Norden kam... glauben Sie doch nicht die Geschichten von Heinrich dem Löwen und der Isarbrücke 1157, ich bitte Sie! ICH habe München geschaffen, von Norden kommend, wie gesagt, aus der gleichen Stadt übrigens wie Löwenheinrich, der Stadtnichtgründer – hier war doch wirklich noch nichts, es ist eine junge Stadt.

Ich kam also (von Norden, erwähnte ich das schon?) und stellte mein Fahrzeug am Rand des Englischen Gartens ab, ungefähr am heutigen Osterwaldgarten. Damals gab es dort Parkplätze. Ich spazierte unter den Bäumen hindurch, hüpfte über die Wiesen und sah am Eisbach Eingeborene liegen, nackt, wie Gott, nicht ich, sie geschaffen hatte. Es war wie im Paradies, nur ohne Apfelbäume. Dann ging ich nach links, und plötzlich erblickte ich zwischen den Bäumen ungefähr zweitausend Tische und viertausend Bänke und einen hölzernen Turm und ein nicht minder hölzernes Karussell.

Aber alles leer! Nur ein geschäftiger Schankkellner zapfte Bier aus einem großen Faß, und auf dem Turm standen alte Männer und bliesen in Blech. Ich drehte eine Runde auf einem Holzpferd und kaufte mir eine Maß, den Preis verrate ich nicht, setzte mich in die Sonne, blinzelte und trank – oh, wie war das ruhig und schön! – und kaufte mir noch eine Maß und eine dritte, und dann war ich soweit und dachte, daß ich jetzt München gründen würde. Ich tat's, weil ich den Schankkellner bemitleidete und die alten Männer, die so allein waren mit ihrer Musik.

Also schuf ich die Buslinie 54, die heute noch am Turm vorbeifährt, und den Ostbahnhof und die Münchener Freiheit, damit der 54er zwei Endstationen hatte, wie es sich gehört.

Und ich schuf Schwabing und den Marienplatz und natürlich den Viktualienmarkt, damit immer genug zu essen da war, und die *Süddeutsche Zeitung*, damit ich Arbeit hatte. (Bedauerlicherweise verschenkte ich die Eigentumsrechte am Verlag, sonst hätte ich gar nicht arbeiten müssen, ich Idiot.) Auch schuf ich den Bäcker in der Corneliusstraße und eine Telefonzelle in Ramersdorf, um meine Mutter anzurufen, und das Johannis-Café in Haidhausen, weil ich dort später mal jemand küssen wollte. Neuperlach schuf ich nicht, das möchte ich betonen, und ich habe auch keine Autobahn an den Starnberger See gebaut; die war schon da, komisch eigentlich. Überhaupt ist mir die Sache dann entglitten. Die genannten Attraktionen zogen derartig viele Menschen in die Stadt, daß ich Siemens ansiedeln mußte und diese andere Firma, die solche Haifischautos baut, na, Sie wissen schon. Die Leute mußten etwas zu tun haben, man kann nicht den ganzen Tag windsurfen und Lachsnudeln beim Italiener essen. Aber es kamen immer mehr und immer mehr. Heute sind es, glaube ich, fast 1,3 Millionen, den Oberbürgermeister mitgerechnet.

Ehrlich gesagt, bereue ich die ganze Sache, weil man nicht mehr in Ruhe an diesem Turm hocken kann, von dem ich erzählt habe. So viele Leute sind da jetzt und noch mehr Hunde, grauenhafte, riesige schwarze Hunde.

Sollten Sie im Sommer dort mal sitzen, und es wäre so voll wie immer, und ich käme vorbei – dann rutschen Sie bitte ein Stück zur Seite und machen mir Platz. Ich brauche nur vierzig Zentimeter auf der Bank, oder achtzig, wenn ich nicht allein bin, und ich finde, ich habe sie verdient nach alledem.

Sigi Sommer

Im Schatten des Turms

Wenn Blasius so überlegt, was man eigentlich an einem schönen Sonntagnachmittag im Frühjahr alles machen kann, so fallen ihm die unsinnigsten Möglichkeiten ein. Zum Beispiel könnte man doch aus reinem Jux »Es brennt, es brennt« schreien. Oder auch seinem Spiegelbild eine lange Nase machen, eine Knödelbrotmaschine reparieren oder sich einfach ein bißerl leid tun. Ferner vielleicht dem Bürgermeister von Fallingsbostel einen Brief schreiben, daß man auch heuer wie jedes Jahr nicht auf Urlaub in die Lüneburger Heide fahren werde. Nein, leider! Und sich nachher ein Butterbrot streichen, damit an den Chinesischen Turm gehen und erst dort hineinbeißen.

Letzteres hat nun der Spaziergänger tatsächlich einmal getan. Zuvorderst hat er sich dann ein bißerl gewundert, wie gerade ein Chinesischer Turm in den Englischen Garten kommt. Das wirkt wohl doch genauso komisch wie ein oberbayerischer Christbaum auf der Chinesischen Mauer. Doch dann hatte er keine Zeit mehr für solchen Krimskrams. Weil er sich nämlich über ganz andere Sachen wundern mußte.

Ja, was da bloß alles zusammenkommt unter dem weißblauen Föhnhimmel. Ganz deutlich kann der Spaziergänger die goldene Horde von Attila ausmachen. Und die kahlköpfigen Streiter vom Dschingis Khan. Dann einen Rest jener Besatzung, die einst im

Bauch des Trojanischen Pferdes gewesen ist, und ein paar Nachzügler von Lützows wilder, verwegener Jagd und mindestens zweitausend Figuren, die bereits an der biblischen Brotvermehrung teilnahmen. Dazwischen jede Menge Komiker, Künstler und Käuze, Traumtänzer, Treppenzimmerrebellen und natürlich alle die halb entblößten Zähne von Wahnmoching. Denn der »Chinesische Tower« ist mächtig »in« bei allen den Bedürftigen, Bedarften und Notwendigen der Traumstadt. Viele Typen tragen übrigens ihre selbstgebastelten Bambinos neuerdings in kunstvoll geschlungenen Textiltüchern vorne auf dem Bauch vor sich her. Wie manche Eskimostämme, die Asineboins-Indianer und vor allem die Känguruhs. Vielleicht haben die irgendwo einmal auch von dem Maler Diefenbach gehört. Der seine sanft lächelnde Brut meistens in einem Rucksack mit sich herumschleppte und denselben samt Inhalt nachts dann an einen Nagel vor das Fenster hing.

Einer dieser Neokonformisten schob außerdem einen zweistöckigen Kinderwagen durch das Gewühle. In dem unten sein winziges Söhnchen schlief und ein Stockwerk höher ein Igel. Ein anderer hatte seine Frisur, die entfernt an eine Klosettbürste erinnerte, tatsächlich verchromen lassen. Blasius hätte ihn eigentlich um die Adresse des zuständigen Galvaniseurs fragen sollen. Besonders schmunzeln machte ihn auch ein kleines Nordlicht, das beim Anblick eines strammen Dobermannrüden krähend ausrief: »Kiek mal, Mammi, ein Reh.«

Wenigstens drei Dutzend Kavaliere, die auf den Schwartlingsbänken gerade noch einen halben Bakken Sitzplatz ergattern konnten, hatten ihre Bräute einfach auf den Schultern aufsitzen lassen. Als ginge es zu einem Turnier. Zwei Münchner Bierdackel wiederum schleckten fleißig das Tröpferlbier neben der Mammutschenke zusammen. Einer der beiden Waldmänner hatte davon schon einen solchen Rausch, daß er nur mehr auf drei Beinen stehen konnte wie ein Schusterschemel. Ein stadtbekannter Altboy, den man auch als »Maulhure« in einschlägigen Kreisen kennt, schaukelte neben seinem verschmitzt blinzelnden Jungmütterlein ein strammes Zwillingspärchen in ungeheuerlichem Vaterstolz zu den Klängen von »Hoffmanns Erzählungen«, die vom alten Karussell aus herüberwehten. Statt eines riesigen Hirschgeweihes trug er allerdings nur ein gräßliches Rundum-Toupet. Aber möglicherweise hat sich der Spaziergänger hinsichtlich des Urheberrechtes von dem betagten Kindermacher gedacht: »Gilt halt für den das schöne alte Sprichwort: Wenn der liebe Gott will, dann schießt auch noch ein Besen.«

Neben dem riesigen Brotzeit-Büfett spannte indes ein botanischer Student pausenlos ebenso frische wie unschuldige Rettiche in eine Art Drehbank ein. Das Fertigprodukt, eine weiße geringelte Spirale erinnerte den Spaziergänger stark an die Halskrause der unglücklichen Maria Stuart kurz vor ihrer Enthauptung.

Vorne an den Toiletten herrschte den ganzen Tag über ein Gedränge wie in der Reichsmark-Zeit selig, wenn auf Abschnitt acht der Lebensmittelkarten ein Pfund Sauerkraut aufgerufen wurde. Blasius hat sich von einem fleißigen Lieschen aus der Ohmstraße dazu einen Kommentar angehört, der folgendermaßen lautete: »Wenn das so weitergeht, dann is as G'scheidste, man ziagt in an Bierkeller a Pempers o. Oder soiche Gummischlüpfa, wie angeblich de Kommunist'n bei eahnane groß'n Sitzungen trag'n, wenn da Breschnew schpricht. Weil doch do s' Aufschteh sonst lebensg'fährlich werd.«

Spät am Abend machte dann der Spaziergänger noch einen kleinen Kontrollgang durch das verlassene Brachfeld. Und da hatte doch ein Spaßvogel tatsächlich folgende Gegenstände malerisch unter einem blühenden Goldregenstrauch zusammengefügt. Eine Herrenunterhose, die sichtlich etwas zu spät ausgezogen wurde. Ein Stück schwarzen Straps, der an einem riesigen Kalbshaxenknochen befestigt war, das Grätengerippe einer peinlich sauber abgenagten Makrele und die abgebrochene Hinweistafel: »Münchener, schont eure Anlagen.«

Blasius meint, da hätte doch eigentlich zu diesem Kunstwerk nur noch ein Schild gefehlt mit der Aufschrift: »Joseph Beuys war hier.«

Gerhard Polt
Hanns Christian Müller
Feuerbestattung

Ostfriedhof. Krematorium. Ein Beamter steht im Eingang. Ein Trauerpaar geht auf den Beamten zu.
Sie: Sie, entschuldigen S', die Beerdigung Meisinger Raimund, um 14 Uhr 30, samir da richtig da hier?
Beamter: Ja, Moment, wer? *Sieht auf Liste nach.*
Sie: Meisinger Raimund, Referend a. D. Um 14 Uhr 30 waar die Feuerbeerdigung, hats gheißn.
Beamter: Ja, da sans scho richtig im Prinzip, aber es kann a Zeit dauern, weil da is anscheinend a Prominenter dran. I sags Eahna dann, wenns soweit ist. *Gähnt.*
Er: Wie spät ham mirs denn?
Sie: Woaß net.
Er *sieht auf die Uhr:* Scho fünf nach halb. *Pause.*
Sie *sieht sich um:* Ja, sag amal, san mir die einzigen?
Er: Ja mei, anscheinend. Der Gustl hat net komma kenna, weil heut is ja Werktag.
Sie: Aber de Tante Gerlinde hätt ruhig komma kenna, sie hat ja schließlich scho de zwoa Buidln kriagt vom Bappa.
Er: Wahrscheinlich is dagegen, daß er verbrennt werd.
Sie: Mei, wer ko si heutzutag no a Grab leisten...
Er: Aber von der Firma hättns scho oan vorbeischickn können, er war ja schließlich 34 Jahr dabei, und er hat nie auf d'Uhr gschaut.

SIE: Oder wenigstens a Danksagung in irgendeiner Form.

ER: Und der Rüdiger Wolf is aa net da.

SIE: Oh mei, der Rüdiger Wolf... *Pause.*

ER *er sieht auf die Uhr, zum Beamten:* Sie, wie lang dauertn des noch?

BEAMTER: Da drin halt oana scho de dritte Rede. Des werd a Prominenter sei.

SIE: Mei, Volker, ob mir des no schaffn?

ER: Ja, es wird knapp. Weil, a Stund, hats gheißn, muaß ma eher da sein, a Stund mindestens.

SIE: Mitm umziehn werds dann wahrscheinlich nix mehr. *Ein Trauergast geht auf die beiden zu.*

TRAUERGAST: Entschuldigen Sie, ist hier der Trauerfall Dr. Zimmermann?

SIE: Naa, mir san Meisinger, 14 Uhr 30, aber es dauert noch, weil da is a Prominenter drin.

ER: Warum, san Sie aa 14 Uhr 30?

TRAUGERGAST: Neinnein, 14 Uhr 40, Dr. Zimmermann.

SIE: Mei, um gottswilln, des werd si ois verschiebm.

TRAUERGAST *zum Beamten:* Sagen Sie, wie lange dauert das denn noch?

BEAMTER: Schwer abzusehn. Da is jetzt a Prominenter drin, und danach kimmt Meisinger.

TRAUERGAST: Soso, vielen Dank. *Geht.*

ER: Mein Gott, des werd knapp. *Zum Beamten* Sie, können S' mir bittschön net wenigstens sagen, wie lang des ungefähr noch dauert?

BEAMTER: Ja, jetz is des Requiem, nachad red no oana, und na kimt no a Posaunensolo. *Geht wieder.*

ER: Dankschön. – Hast du as Sonnenöl einpackt?
SIE: Ja freilich. Und an Mückenspray.
ER: Du, jetzt werds aber allmählich wirklich knapp.
SIE: Guat, daß beim Bappa koana red.
Akner, ein zukurzgekommener junger Mensch, erscheint mit einem großen Kranz und blickt sich suchend um. Er entdeckt den Beamten, der gerade wieder erscheint.
AKNER: Für Meisinger, von der Firma Stoiber.
Der Beamte nimmt den Kranz und verschwindet, Akner geht.
ER: Des war oana von der Firma.
SIE: Hams doch seiner gedacht. Des is a 200-Mark-Kranz.
ER: Ja, er war ja immerhin 34 Jahre dabei, und er hat nie auf d'Uhr gschaut.
Der Beamte erscheint wieder.
SIE: Sie, tschuldigens, was steht denn auf dem Kranz?
BEAMTER: Irgendwas mit Dank für 34 Jahr, de wo er dabei war...
SIE: Dankschön. Ah, Sie, Herr, war des Trompetensolo jetzt scho?
BEAMTER: Nanaa, der red no. Des muaß a Prominenter sei, des hört ja garnimmer auf.
ER: Wissen S', mir müaßn heut no nach Mallorca fliegn, mir ham so a Reise gebucht. Eine Stunde vor Abflug müß ma spätestens da sein.
SIE: Und mir ham ja mit dem Ableben vom Bappa ja gar net gerechnet ghabt. Des ist auf oamal so schnell ganga. De zwoa Wochen, ham mir uns denkt, san auf alle Fälle no drin.

BEAMTER: Wies halt allweil is. *Geht.*
ER: Ja des stimmt. *Geht zum Eingang und lauscht.*
SIE: Spuins scho?
ER: Naa, es werd no gred.
SIE: Also, des Umziehn, des könn ma jetz total vergessn. Da könn ma grad froh sei, wenn mas no schaffn.
ER: Ja, auf uns wart der Flieger net.
Man hört von innen ein Posaunensolo.
ER: Vierzehn Uhr dreiundvierzig. Is aa höchste Zeit worn.
SIE: Sie, Herr, wie lang kann denn so a Solo no dauern?
BEAMTER: Des is a Corelli, der dauert im Schnitt drei Minutn.
ER: Mein Gott, des werd knapp.
BEAMTER: Wann geht denn Eahna Flieger?
ER: Um viere.
SIE: Sechzehn Uhr drei.
BEAMTER: Ham Sie a Musik bstellt?
SIE: Naa, Gottseidank net.
ER: Is aa koana da, der wo red.
BEAMTER: Ja, dann dürften S' des scho no schaffn. An guten Flug wünsch ich jedenfalls.
Ein Schwall mit poppigen jungen Menschen strömt aus dem Krematorium.
ER: Ja, danke.
SIE: Na ziehn ma uns halt erst in Mallorca um.
ER: Ja, genau, mir ham ja ois dabei...

Schwabing ist ein Begriff. Darum wird er so oft nicht begriffen.

Fritz de Crignis

Hannelore Schütz-Doinet
Brigitte Zander-Spahn

Wer ko, der ko

Vom Selbstverständnis der Münchner

An den Münchnern, so heißt es in einer alten Geschichte, hat der liebe Gott keine rechte Freude. Die sitzen, wenn sie gestorben sind, unwirsch im Paradies herum, mäkeln beim Manna, maulen beim Halleluja und wollen nichts anderes als zurück nach München. Warum, das ist oft gefragt und immer wieder neu beantwortet worden. »Lebensqualität und Freizeitwert« sind heute die Schlagworte, mit denen die Ausstrahlung dieser Stadt beschrieben wird. Die Münchner, Lob schon immer gewohnt, haben dafür einen Grund, den der Lohnkutscher Xaver Krenkl einst beim widerrechtlichen Überholen der Staatskalesche seines Königs Ludwig I. von Bayern für alle Zeiten formulierte: »Wer ko, der ko.«

Zum Glück für diese Stadt sind Wollen und Können zweierlei. Jeder dritte Deutsche, so haben Umfragen ergeben, würde gern in München leben, aber nur 1,3 Millionen können es sich leisten. München gilt heute nicht nur als teuerste Stadt in der Bundesrepublik – sogar in Paris und New York lebt es sich billiger. Die Hälfte des Einkommens geht bei vielen hier allein für die Miete drauf. München, so befürchten Stadtplaner, steht am Rande einer sozialen Katastrophe. Dennoch: Die Stadt der Beichtstühle und des

Barock, die mehr Theater zählt als Berlin, mehr Katholiken als der Vatikan, mehr Jahreszeiten als der Rest der Welt (Fasching und Starkbierzeit bestimmen als fünfte und sechste Jahreszeit in München den Kalender), gilt immer noch und immer wieder als Deutschlands »heimliche Hauptstadt«.

Südländisch, leichtlebig, warm, das sind Begriffe, die sich mit dem Namen München verbinden. Und vor allem das Wort »Bier«, der Schlüssel zur überschäumenden Münchner Seele. Eine Stadt, die ein Brauerei-Museum hat, eine Bierfakultät an der Technischen Hochschule, eine Versuchsbrauerei und einen Verein gegen das betrügerische Einschenken, ist mit normalen Maßstäben nicht mehr zu messen. Es gibt schlimme Gerüchte über den Münchner und sein Bier. »Morgens ein Bierfaß und abends ein Faß Bier« ist so eine gängige Redensart. Tatsächlich werden im berühmten Hofbräuhaus an manchen Tagen bis zu 15000 Liter Bier ausgeschenkt – der kleinste Teil davon allerdings an Münchner.

Die echten Münchner, ja sogar die geborenen Bayern, sind in München längst eine Minderheit. Nur jeder dritte kann noch sagen: »Wost hischaugst, Hoamat«, was wenig an dem legendären Ruf der Münchner ändert. Trinkfest sollen sie sein, auch etwas grob, halt »krachledern«. Sie »granteln« gerne, haben an allem etwas auszusetzen, können sich über sich selbst lustig machen – solange kein Fremder mitlacht. Natürlich teilen sie ihre Stadt wie selbstverständlich mit den unzähligen Touristen, solange sie ihre »Rua« haben, möglichst eine richtig schöne, königlich bayerische.

Man hat die Stadt und die in ihr lebenden Menschen genau und nach allen wissenschaftlichen Regeln untersucht, ohne ihr Geheimnis wirklich zu ergründen. München liegt auf demselben Breitengrade wie Wien, 520 Meter über dem Meer, unweit der Alpen im Alpenvorland. Es gibt mehr Schnee und Regen als Sonne und »hochsommerliche Temperaturen«.

Der statistische Münchner ist 1,74 Meter groß, 152 Pfund schwer und bläuäugig, die dazugehörige Münchnerin 1,64 Meter groß und ein Pfund schwerer als die anderen Frauen in Deutschland. Jeder zweite Münchner liebt Gartenzwerge. Jeder fünfte glaubt an die Seelenwanderung und hat gleichzeitig eine panische Angst davor, als ein anderer wiedergeboren zu werden denn als ein Münchner. Der Weltuntergang ist bei Norddeutschen doppelt so gefürchtet wie in München, wo ihn nur zwölf von hundert Befragten das Ereignis nennen, »das ich am meisten fürchte«. [...]

Eine Stadt voller Widersprüche. Es ist in Münchens Freibädern erlaubt, das Bikini-Oberteil abzulegen. Aber eine vom Bundesgesundheitsministerium geförderte Broschüre zur Sexualaufklärung der Schüler hat das Münchner Kultusministerium als »Pornographie« abgetan. Es kann in München passieren, daß ein Protestmarsch 30 Demonstranten zählt und 100

Polizeibeamte zum Aufpassen. In München kann ein stadtbekannter Spekulant mit einem »Fassadenpreis« ausgezeichnet werden, weil, so die offizielle Begründung, »Fassaden prämiert werden und nicht das soziale Engagement«. Aber auf dem Oberwiesenfeld, inmitten der olympischen Sportarten, lebt unbehelligt ein angeblicher Mönch aus Rußland zwischen Blumen und Beerensträuchern. »Väterchen Timofeij«, wie er sich nennt, ist irgendwann einmal hier erschienen, hat sich 4000 Quadratmeter Land angeeignet, ein Kapellchen aus Silberpapier gebaut und eine Madonna aus Gips hineingestellt, der er von da an alle Räumungsklagen und amtliche Verfügungen anvertraute. Gerichtsvollzieher trafen ihn stets betend an. Man hat ihn schließlich nicht weiter gestört und Olympia um ihn herum gebaut. Aber weil es ein »Präzedenzfall« wäre, wagt ihm immer noch keiner zu sagen, daß er bis zu seinem seligen Ende bleiben darf.

»Eine wunderliche Stadt«, hat Friedrich Hebbel einmal gesagt. Man hat sie vor dem Ersten Weltkrieg oft mit Rom, Paris und Athen verglichen. Zwei Jahrhunderte lang hatten die Wittelsbacher Europas berühmteste Baumeister, Musiker, Maler, Wissenschaftler und Gartenarchitekten an die Isar geholt. Der Münchner Stadtplan ist gefüllt mit den Namen berühmter »Zug'roaster«, die in dieser Stadt gelebt haben, sie geformt und geprägt haben, und nach denen nun Straßen und Plätze benannt worden sind. Wagner war einer davon, Kobell, Röntgen, Fraunhofer, am Ende hatten sich so viele berühmte Leute hier versammelt, daß für den geborenen Münchner Komponisten Richard Strauss gerade noch ein Pöstchen als dritter Kapellmeister übrigblieb.

Nicht alle diese berühmten »Münchner« waren beliebt, als sie in dieser Stadt lebten. Und was sie schufen, wurde zuerst einmal meist heftig kritisiert. Es gehört zur Münchner Tradition, grundsätzlich und überhaupt »dagegen« zu sein, gegen alles »Neumodische« und »Neig'schmeckte«. Es gibt in der ganzen Stadt kaum ein Bauwerk, das, als es gebaut wurde, nicht nach allen Regeln der Münchner Künste zerrissen worden ist. In der zweiten und dritten Generation allenfalls sind die Münchner dann bereit, die Neubauten von damals zu lieben.

»Seit der Mitte der 80er Jahre haben Gründer und Bauschwindler ihr Unwesen treiben dürfen, haben ganze Stadtviertel von schlecht gebauten, häßlichen Häusern errichtet, und keine vorausschauende Politik hat sie daran gehindert«, klagte schon vor zwei Generationen der Münchner Jurist und Schriftsteller Ludwig Thoma. An dieser kritischen Einstellung zur eigenen Stadt hat sich inzwischen wenig geändert. Je mehr sie den Fremden gefällt (»als ob es immer Sonntag wär' und das schönste Wetter«), desto mißtrauischer beobachten die Münchner sich selbst, ob sie am Ende nicht doch etwas falsch gemacht haben. Wobei ihnen der bayerische Dramatiker Martin Sperr mit seinem radikalen Lösungsvorschlag denn doch zu weit geht »Überhaupt ist München eine Stadt, die man abreißen sollte.«

Millionenstadt ist München erst im Jahre 1957 geworden, dank der Geburt eines Kaminkehrer-Buben. Seitdem wird es abwechselnd »Weltstadt« genannt oder »Millionendorf«. Welche Bezeichnung richtig ist, steht immer noch nicht fest: München, die »Weltstadt«, hat all die unguten Begleiterscheinungen einer Metropole, die »durchgeschneisten« Verkehrsadern, Mietwucher, Verkehrschaos. München, das »Millionendorf«, ist da am schönsten, wo es nicht millionenstädtisch ist, in den Biergärten, bei den Abendkonzerten im Nymphenburger Park, in den Hinterhöfen, bei den Stadtviertel-Festen, in der Au, wo noch kleine Häuser stehen, in den Gaststätten von Haidhausen, Giesing und Neuhausen, die noch nicht zu »Pilsstüberln« degradiert worden sind, wo man noch »kartln« kann und beim Bier disputieren.

Da ist diese Stadt dann wirklich fast noch so wie vor dem Ersten Weltkrieg, der besten aller guten alten Münchner Zeiten, als der Prinzregent regierte, die Maler Marc, Kubin und Kandinsky wohlwollende Kritiken erhielten, Stuck aber enthusiastische, und Schwabing ein »Zustand« war. »München leuchtete«, schrieb damals Thomas Mann. In die Gegenwart übertragen findet sich dieser Satz heute auf Medaillen, mit denen die Stadt verdiente Bürger auszeichnet.

Es hat auch schlimme Zeiten gegeben, für und in München. Hitler machte nach dem Ersten Weltkrieg die Stadt zur »Hauptstadt« seiner unseligen »Bewegung«. Obwohl sich auch Begriffe wie die studenti-

sche Widerstandsbewegung »Weiße Rose« mit München verbinden, fällt es der Stadt immer noch schwer, sich von dieser Vergangenheit zu lösen. Bei der offiziellen Stadtrundfahrt fällt kein Wort über diese Jahre. Aber immer noch fragen Ausländer, die hierherkommen, sehr oft und sehr bestimmt nach »Hofbräuhaus und Konzentrationslager Dachau« – und sind erstaunt, daß etwa 30 Kilometer zwischen diesen beiden Extremen liegen.

Der Zweite Weltkrieg hat München, wie viele andere Städte, in eine Steinwüste verwandelt. Der Begriff »Ramadama«, mit »Aufräumen tun wir« nur spröde übersetzt, wurde zum Bestandteil der deutschen Nachkriegsgeschichte. Dem Wiederaufbau folgte – wenn auch langsam – der Umbau. Fast widerspruchslos, nur verhalten grantelnd, ließen sich die Münchner von ihrem geliebten Stachus, einst Europas belebtestem Platz, unter die Erde verbannen. Mitsamt ihrer geliebten Dackel. Die Olympischen Spiele 1972 kamen nach München. Auch sie waren widersprüchlich wie so vieles in dieser Stadt. Einem fröhlichen, beschwingten Auftakt folgte ein bitteres, tragisches Ende – das Attentat auf die israelische Mannschaft.

München ist seitdem nicht mehr so wie zuvor. Es scheint, als wäre die Stadt nachdenklicher geworden. Vom Fortschritt ist nicht mehr so laut und so oft die Rede. Im Jahre 1979 mußte der Münchner Oberbürgermeister die Bürger seiner Stadt offiziell daran erinnern, wo sie sind. Nämlich: »Nicht in Hinterpfuideifi«. Da hatten die Bürger dagegen aufgemuckt, daß die Stadträte Diäten haben sollten, wie sie in einer Millionenstadt üblich sind. Doch mit dem Unbehagen der Münchner am Fortschritt und an Anpassung um jeden Preis hatte das auch zu tun.

Eine Bestandsaufnahme der Münchner ergab indes, daß noch fast alles da ist. Die Frauentürme mit den welschen Hauben, von denen selbst alteingesessene Münchner nicht wissen, welcher Turm nun um einen Meter kürzer ist als der andere (es ist der rechte). Die Schäffler beim Glockenspiel am neugotischen Rathaus tanzen weiter, und immer noch würdigt sie kein echter Münchner auch nur eines Blickes. Das weiche Licht über der Stadt ist geblieben, der seidenblaue Himmel, den schon König Ludwig II. so geliebt hat, die Biergärten gibt es auch noch. Die Parks werden inzwischen von Bürgerinitiativen behütet und verteidigt. Die durch eine Schnellstraße zerteilte Maximilianstraße soll wieder geschlossen werden. Im Überschwang der Gefühle ließ ein Kaufhauskonzern sogar sein lang umstrittenes Hochhaus am Rande Schwabings kappen. Das allerdings war vielen Münchnern auch wieder nicht recht. Sie waren gerade dabei, sich mit ihrem Schandfleck, dem »Schwarzen Riesen«, der aussah wie ein hochgestellter schwarzer Sarg, langsam anzufreunden.

Und auch das Valentinmuseum steht noch, das eigentlich mit ä (Musäum) geschrieben wird, weil es so einmalig ist. Es ist in einem Turm des Isartors untergebracht, und die Münchner gehen hinein, wenn sie einmal über sich selbst lachen mögen. In ihm ist nichts anderes zu finden als tiefsinniger Blödsinn, etwa ein Hauch Berliner Luft in Dosen, eine Wasserlache als »Schneeplastik im Sommer«, ein Winterzahnstocher mit Pelzbesatz und der Spruch, den der Komiker Karl Valentin, dem dieses Museum gewidmet ist, einst der Stadt in ihr Poesiealbum schrieb: »Mögen täten wir schon wollen, aber dürfen haben wir uns nicht getraut.« [...]

»Du aber München, alle Zäune möchte ich mit deinem Lobe betünchen«, hat Roda Roda einmal geschrieben. Charles de Gaulle mag etwas ähnliches empfunden haben, als er München besuchte. In der Ludwigstraße, vor der Staatsbibliothek mit den »Vier Heiligen Drei Königen«, wie die Münchner die steinernen Abbilder von Homer, Hippokrates, Alkibiades und Perikles nennen, rang der General de Gaulle nach Worten, breitete die Arme aus, blickte zum Himmel und sagte: »Voilà, une capitale.« »Wer ko, der ko«, hätte ihm ein echter Münchner geantwortet.

Fritz Meingast

Lola Montez

Die Favoritin des Königs

Der Flügeladjutant Graf Lerchenfeld lächelte zufrieden, als er die Tür zum Arbeitskabinett seines Königs schloß. Er wußte, die Audienz, die Ludwig I. der spanischen Tänzerin Lola Montez jetzt gewährte, würde nicht folgenlos bleiben. Durch diese Tür waren schon manche Frauen und Mädchen geschritten, die der schönheitstrunkene Monarch von Stieler für seine Galerie malen ließ, zum Beispiel das Traunsteiner Dienstmädchen Helene Sedlmayer, die griechische Freiheitskämpferin Catharina Botzaris, die Förstersmaid Caroline Lizius von Aschaffenburg, die Münchner Offizierstochter Amalie Schintling und die Schauspielerin Charlotte von Hagn, sie alle würde dieses großartige Weib mit den strahlenden blauen Augen, dem glänzenden schwarzen Seidenhaar und der erregenden Sinnlichkeit ihrer vollen roten Lippen in den Schatten stellen, gar nicht zu reden von den klassischen Formen des Körpers, den kein Bildhauer vollendeter aus Marmor hätte zaubern können. Die Spanierin hatte um die Audienz nachgesucht, weil ihr der Intendant Frays vom Hoftheater verwehrte, auf seiner Bühne aufzutreten.

Einige Tage nach der Audienz, am 10. Oktober 1846, verkündete der Theaterzettel das Auftreten der

Demoiselle Lola Montez aus Madrid mit spanischen Nationaltänzen – im Hoftheater. Was war in der Audienz geschehen? Die Tänzerin schrieb später in ihren Memoiren, sie hätte, um die Zweifel des Königs an der makellosen Schönheit ihrer Figur zu zerstreuen, ihr Kleid vom Ausschnitt bis zur Hälfte aufgetrennt. Die Skandalchronik weiß es anders. Ihr zufolge hat sich der König, ermutigt von seinem verführerischen Audienzgast, den Anblick der körperlichen Reize Lolas durch einen kühnen Schnitt mit dem Stilett selbst verschafft. Wie dem auch sei, von dieser Stunde an war und blieb König Ludwig I. von Bayern der Circe aus dem fernen Süden verfallen.

Ihre Behauptung, sie stamme aus vornehmem andalusischen Geschlecht, strafte allerdings ihr Benehmen Lügen. Im Gasthof zum Goldenen Löwen, wo sie abgestiegen war, ohrfeigte sie Gäste nur deswegen, weil sie dieselben zu laut fand, und auf der Straße prügelte sie einen fremden Hund, als sich dieser ihrem eigenen Schoßhündchen näherte. Im Nu war sie von tierliebenden Münchnern umringt, die sie wahrscheinlich gelyncht hätten, wären ihr nicht Gendarmen zu Hilfe geeilt.

Über ihrer Vergangenheit lag ein dichter Schleier. Niemand wußte etwas Bestimmtes darüber, niemandem, auch nicht der Polizei, zeigte sie Papiere, die ihre Person ausgewiesen hätten. Da sie als neue Geliebte des Königs Aufsehen erregte, forschte die Münchner Polizei ihrem früheren Leben im Ausland nach und stellte fest, daß sie in Wirklichkeit nicht

Lola Montez hieß, sondern Mrs. James. Nicht in Spanien, sondern in Irland wurde sie als Tochter des Fähnrichs Gilbert und der Kreolin Oliverez de Montalva geboren. Gilbert ging als Leutnant mit seiner Familie nach Indien und starb dort an der Cholera. Dann heiratete die Mutter den Captain Craigie, schickte ihr Kind aber nach Schottland zurück, von wo es zur Erziehung nach Paris und in die Schweiz kam. Mit 16 Jahren ehelichte Mrs. Gilbert den irischen Leutnant Thomas James und betrog ihn alsbald mit Captain Lennox.

Von James geschieden, ließ sich Lola in Madrid als Tänzerin ausbilden. Jetzt nannte sie sich nicht mehr Mrs. James, sondern Maria Dolores Porrys y Montez. Unter diesem Namen trat sie in dem Londoner »Her Majety's Theatre« auf und hierauf im Kgl. Schauspielhaus zu Berlin. Bei einer Militärparade zu Ehren des Besuches von Zar Nikolaus galoppierte Lola mit-

ten in die kaiserliche Suite und schlug einem Soldaten, der ihrem Pferd in die Zügel fiel, mit der Reitpeitsche ins Gesicht. Noch in derselben Nacht mußte sie Berlin verlassen, wollte sie ihrer Verhaftung zuvorkommen. In Dresden gewann sie die Liebe Franz Liszts, der ihrer zügellosen Leidenschaft bald überdrüssig wurde und sie heimlich verließ.

Es folgte ein kurzes Gastspiel in Paris und dann Triumph auf Triumph in Warschau, bis sie der polnische Gouverneur Prinz Paskievich als enttäuschter Liebhaber des Landes verwies. Sie holte in Petersburg nach, was ihr Warschau schuldig geblieben war. Auch dort ließ sie das unruhige Blut nicht lange verweilen. Wiederum ging sie nach Paris, wo sie Mittelpunkt einer Duellaffäre wurde. Nur die schleunigste Abreise bewahrte sie vor gerichtlicher Verfolgung. Am Hof des Duodezfürsten Reuß-Lobenstein-Ebersdorf LXXII. fand sie Zuflucht und die Liebe des Souveräns, dessen Finanzen sie mit ihrem luxuriösen Aufwand gänzlich zerrüttete. Als sie schließlich mit ihrem Pferd durch die sorgsam gepflegten Blumenbeete des fürstlichen Gartens ritt, jagte sie der erzürnte Reuß aus seinem Land.

Das alles stand in einem umfangreichen Akt des Münchner Polizeipräsidiums vermerkt, und Polizeidirektor Freiherr von Pechmann hätte den Akt seinem Souverän vorlegen können, wäre er nicht überzeugt gewesen, daß er damit nur das Gegenteil bewirkte und die Ritterlichkeit des liebenden Fürsten erst recht herausforderte. Darum beschwor Pechmann Lola

Montez, angesichts ihres bewegten Vorlebens auf die Liebe des bayerischen Monarchen freiwillig zu verzichten. Dafür stellte er ihr eine Abfindung von 50 000 Francs in Aussicht. Lola lehnte entrüstet ab. Einen Tag später erfuhr der Freiherr aus dem Munde des Königs seine Absetzung als Polizeidirektor von München.

Lola hatte den Kampf gegen ihre Feinde aufgenommen und denjenigen als ersten zu Fall gebracht, der als erster offen gegen sie zu Feld gezogen war. Der königlichen Gunst und Hilfe fühlte sie sich absolut sicher. Nichts erschien Ludwig zu kostbar und zu teuer, um seine Lola damit zu beglücken. Sie erhielt im Hoftheater ihre Privatloge neben der Hofloge. Eines Tages stand vor ihrem Haus in der Theresienstraße ein hoheleganter Wagen mit rassigen Pferden. Er war ein Geschenk des Königs. Geld gab sie mit vollen Händen aus. Als sie im Modegeschäft Schulze eine mit Brillanten bestickte Tasche auswählte, tat sie es mit den Worten: »Kennen Sie mich nicht? Ludwig wird zahlen!«

Alles und immer zahlte Ludwig, für die livrierten Diener, für das feinste Kristall- und Tafelgeschirr, für Kleider und Pelze, die sie oft nur einen Tag trug, für das erlesene Mobiliar des zum Geschenk gemachten Hauses, für Schmuck und Geschmeide, wie es keine Fürstin herrlicher tragen konnte, für die schlemmerischen Champagnergelage, zu denen Krethi und Plethi Zutritt hatte, weil der Adel und die ganze vornehme Gesellschaft der Residenzstadt Lolas

Einladungen geflissentlich übersah. Doch einer ließ sich nicht abhalten, die Señora Tag und Nacht zu besuchen, ohne daß er daraus ein Geheimnis machte: Ludwig, der sie als die schönste Frau der Welt rühmte. Er war stolz, von ihr geliebt zu werden.

Um so weniger sagte das seiner Umgebung zu, seiner Frau Therese, seinen Geschwistern, seinen Kindern, dem ganzen Hof, den Ministern, dem Klerus, der Münchner Bürgerschaft. Man hatte sich damit abgefunden, daß der König immer wieder in heißer Leidenschaft zu irgend einem hübschen weiblichen Wesen entbrannte. Diese Leidenschaft wurde wettgemacht dadurch, daß er Kloster über Kloster gründete und daß er mit seinen genialen Bauten München zum bedeutendsten Kulturzentrum Deutschlands machte. Und jetzt verschwendete er sein Geld und sein Ansehen an eine Landfremde, an eine Abenteurerin mit zweifelhaftem Vorleben, an eine Kokotte – das verzieh ihm niemand in München. Je heißer er Lola liebte, desto mehr erkaltete die Liebe des Volkes zu ihm. Bald wurde in den Münchner Straßen von Lola nur mehr als von dem »Mensch« gesprochen.

Das bekümmerte sie selbst wenig. Sie hatte sich

nur eines in den Kopf gesetzt: Über den Mann zu herrschen, der über das Volk herrschte, Königin des Königs zu sein. Dazu mußte sie diesem Volk angehören als gleichberechtigte Bürgerin, die durch kein Polizeimandat und keine private Willkür aus dem Land geschafft werden konnte. Sie begehrte von Ludwig das bayerische Bürgerrecht. Vom Bürgerrecht zum Adelsdiplom schien Lola nur noch ein Schritt. Als Gräfin, als Fürstin wollte sie der Hautevolee zeigen, wer in München was zu sagen hatte. Doch der Wille Lolas und des Königs scheiterten zunächst an der bayerischen Bürokratie. Innenminister Bray-Steinburg legte das Indigenatsdekret dem Staatsrat zur Begutachtung vor. Da Lola Montez über keine persönlichen Ausweispapiere verfügte, sprach sich der Staatsrat gegen die Einbürgerung aus, und Regierungspräsident Hormann, der den Monarchen davon verständigte, war mit einem Schlag a. D. Nicht besser erging es dem Minister Bray-Steinburg selbst. Auch er erhielt seine Entlassung. Nachdem sich auch Ministerpräsident Abel weigerte, das Dekret innerhalb 24 Stunden auszustellen, mußten er und das gesamte Kabinett unverzüglich zurücktreten.

Eine ganze Epoche fand damit ihr Ende. Die konservative streng kirchliche Richtung war ausgebootet, und eine neue Regierung freiheitlicher Prägung kam ans Ruder. Freudig wurde sie als das Ministerium der Morgenröte begrüßt. Seit langer Zeit inhaftierte Liberale, wie der Bürgermeister Dr. Behr von Würzburg, erlangten die Freiheit, die Büste Luthers fand Zugang in die Walhalla, eine Justiz- und Universitätsreform bahnte sich an, die Schranken der Zensur fielen. Das alles verdankten die Bayern der hergelaufenen »Hur«. Begeisterte Menschen versammelten sich vor ihrem Haus in der Theresienstraße und brachten ihr stürmische Ovationen dar. In Wien schrieb Franz Grillparzer die Verse: »Drum kehrt euch nicht verachtend von dem Weib, in deren Arm ein König ward zum Mann!« Der alte Metternich aber knurrte und wetterte. Auf die Emanzipation einer herrschsüchtigen Mätresse konnte nach seiner Ansicht nur noch die Emanzipation des revolutionären Mobs folgen. Und davor schauderte ihm. Die neue Regierung Maurer-Zu Rhein unterzeichnete gehorsam die Einbürgerungsurkunde, konnte aber nicht verhindern, daß Professor Lassaulx den Antrag stellte, der Universitätssenat möge den zurückgetretenen Ministern den Dank für ihre mutige Haltung aussprechen. Lassaulx wurde vom König entlassen, ein geplanter Fackelzug der Studenten zu Ehren des Entlassenen verboten und ihre Demonstration vor dem Haus der Tänzerin durch Kavallerie mit gezogenem Säbel aufgelöst.

Zu den Anstiftern der Studentenunruhen zählte der König die streng katholischen Professoren Philip, Höfler, Moy, Döllinger, Deutinger, Sepp, Görres und Ringseis, deren Amtsenthebung er mit Ausnahme der beiden letzteren anordnete. Das erbitterte die Paladine des Hofes. So setzte sich Graf Arco-Valley, ein Ahnherr jenes Arco, der später Eisner erschoß, dafür ein, daß der König unter Kuratel gestellt würde.

Außerdem versprach er, am selben Tag, an dem sich dieser von seinem Kebsweib trennte, 5000 Gulden an die Armen von München zu verteilen. Keinem der also Opponierenden und Protestierenden kam in den Sinn, wie sehr sie ihrem Souverän durch die Einmischung in seine privaten Verhältnisse kränkten. Er, der seit Jahrzehnten beinahe absolut herrschte, sollte mit einem Mal vor der breiten Öffentlichkeit sein »Pater, peccavi« sprechen und die Frau, die er am meisten liebte, der Staatsraison opfern. Er tat es vorerst nicht.

Getreu seiner Auffassung eines über dem Gesetz stehenden Potentaten, der sich nichts von Ministern vorschreiben ließ, befahl er ihnen, Señora Lola Montez in den gräflichen Stand zu erheben. Es kam zur letzten Kraftprobe zwischen absolutem Königtum und der sich zum moralischen Widerstand verpflichtet fühlenden Kamarilla. Wohl erzwang der König noch am 24. August 1847 für Lola Montez das Adelsdiplom als Gräfin Landsfeld, aber als dann Lola zu ihrem persönlichen Schutz gegen die randalierenden Studenten die Burschenschaft Alemannia gründete und damit die anderen ihr feindlich gesinnten Burschenschaften bis zur Weißglut reizte, brauchte es nur mehr einen Funken, um das Pulverfaß zur Explosion zu bringen. Da starb Joseph von Görres. Den Toten, einen erklärten Gegner Lolas, beabsichtigte die Universität mit einem Fackelzug zu ehren. Auch dieser mußte unterbleiben. Darauf kam es zum offenen Aufruhr der Studenten. Die Universität wurde geschlossen. In München standen die Zeichen auf Sturm.

Schon längst war das Ministerium der Morgenröte durch das Ministerium Oettingen-Wallerstein abgelöst, aber auch Oettingen-Wallerstein drohte mit seiner Demission, falls sich der König nicht von seiner Geliebten trennte. Ihr Leben und ihre Sicherheit waren nach einem tätlichen Angriff der Studenten auf sie gefährdet. Zudem verbündete sich jetzt die Landwehr mit den Studenten. Bürgerkrieg drohte, auf beiden Seiten standen Bewaffnete. Und das alles, wie die Münchner schimpften, wegen einer spanischen Schlampe, die den sechzigjährigen Liebhaber behext hatte. Ludwig mußte sich entscheiden zwischen Volk und Lola, zwischen Ausweisung der Gräfin und Blutvergießen in den Straßen Münchens. Mit äußerstem Wiederstreben stimmte er der Ausweisung zu.

Am 11. Februar 1848 verließ Lola München, während der Pöbel ihr neues Palais in der Barer Straße stürmte und plünderte. Sie versuchte noch einmal zurückzukehren, vergebens. Jetzt gab der König unter dem Druck der Straße jene berühmte Erklärung ab, durch die Lola das bayerische Bürgerrecht verlor. Eine große Liebe war zu Ende. Fünf Wochen später dankte der am Prinzip des Gottesgnadentums festhaltende Monarch ab, weil er nicht mehr selbstherrlich weiter regieren konnte wie bisher. Die aus München Verjagte begann ihre Irrfahrt durch die ganze Welt. Dreizehn Jahre lang hetzte sie von Kontinent zu Kontinent und verdiente sich ihr Geld durch die Zurschaustellung als ehemalige Geliebte eines Königs.

Ludwig schwieg. Über seine Lippen kam nie wieder das Wort Lola. Als sie 1861, kaum dreiundvierzig Jahre alt, in bitterer Armut starb, huldigte der zweiundsiebzigjährige Exkönig in stürmischer Liebe der siebzehnjährigen Baronesse Carlotta von Breidbach-Bürresheim.

Karl Valentin
Eine fidele Münchner Stadtratssitzung anno dazumal

STADTRAT OBERBERGER: Ich eröffnet die heutige Sitzung und heiße Sie alle herzlich willkommen. Es liegen heute ausgerechnet dreizehn Punkte vor, die ihrer Erledigung harren. Und diese dreizehn Punkte will ich Ihnen, meine Herren, zwecks Begutachtung bzw. Genehmigung bei der heutigen Sitzung vorlegen. Ich beginne mit meinen Ausführungen:

Punkt 1 Neupflasterung des Speiselokals unseres Herrn Bürgermeisters.
Punkt 2 Erneuerung des unkündbaren Vertrages des Uhrmachers am Karlstor.
Punkt 3 Impfung sämtlicher Eisenfiguren unserer Denkmäler gegen Verrostung.
Punkt 4 Erhöhung der Hundesteuern von dreißig Mark auf zwanzig Mark.
Punkt 5 Antrag auf Erteilung einer Konzession zur Abhaltung von Jugendspielen, wie – »Schneider, leih mir dei Scher« – »Fürchtet ihr den schwarzen Mann?«
Punkt 6 Neubau einer historischen Schweißtropfensammlung mit Erfrischungsraum der Dienstmann-Institute Münchens.
Punkt 7 Neubau einer Entlausungsanstalt der Münchner Lausbuben.

Punkt 8   Das Ersetzen der Petersturm-Musik durch Grammophon oder Lautsprecher.
Punkt 9   Entfernen der Straßenbahnschienen in den verkehrsreichen Straßen der Stadt.
Punkt 10 Verlegung der Auer Dult in den Hofgarten.
Punkt 11 Erlassung eines Verbotes: »Kinder unter acht Jahren dürfen nicht als Mitglieder im Veteranenverein aufgenommen werden.«
Punkt 12 Fällt aus.
Punkt 13 Vorlage zur Genehmigung eines Männergesangsvereinerholungsheimes im Zentrum der Stadt.

Nun bin ich mit meinen Ausführungen dieser Ausführungen zu Ende und bitte Sie, zur freien Diskussion übergehen zu wollen. Kollege Stadtrat Huber hat das Wort.

STADTRAT HUBER: Meine Herren! Ich sehe in den dreizehn Punkten eine riesige Aufgabe, deren wir in einer einzigen Sitzung nicht gewachsen zu sein scheinen. Ich denke, wir nehmen zuerst den Punkt 13 in die Hände, damit wir wenigstens die Unglückszahl 13 umgangen haben. Mit den anderen zwölf Punkten werden wir dann schon ins klare kommen. Meine Herren! Punkt 13. Vorlage zur Genehmigung eines Männergesangvereinerholungsheimes im Zentrum der Stadt.

Meine hohen Herrn! Es war vorauszusehen, daß eine konjunktive Resignation aller gegenwärtigen

Handelsabkommenschaften mit beschränkter Anzahl eintreten sollte. Obwohl die Ferienkolonie mit Grundbesitzungen allerorts, aus dem Terrain und Trust-Emanzipationen mit Disziplinarstrafen und Verkehrsanstalten in gegenseitigen Meinungsaustäuschen sich kreuzten.

Es konnte nur seitens der Neuregelung in Packträgerkreisen und Roten-Radler-Instituten keine Einigung erzielt werden. Es sei denn, daß die wirtschaftlichen ökonomischen Bedingungen das einzige Hindernis in der Hemdknöpflindustrie den geplanten Weg sperren würden, so würden sich dennoch mit vereinten Kräften Mittel und Wege finden, die Überproduktion im Zacherlinhandel im Keime zu ersticken und auf dem 45 000 Quadratmeter großen Grundstücks des Realitätenbesitzers N.N. ein Männergesangvereinerholungsheim erstehen zu lassen. – Als Amerika im

Jahre 1855 die Ausfuhr von gestöckelter Milli auf ein Minimum beschränkte, da war es König Barbarossa der 66., welcher damals dem Erfinder des Zweiräderkarrens den Auermühlbachorden überreichte. Ja, gerade er war es, welcher hinsichtlich der verkürzten Geschäftsinteressen die prinzipielle Entscheidung in den Abgrund stellte. Großmütig drückte damals der Zitherklub »Gut Klang« seine Meinung gegen alle diese verzweifelten Ansichten aus, und als wahre Wohltat entstanden damals die vielen Bedürfnisanstalten, um die sich die Stadtverwaltung Lorbeeren und herzliche Anerkennungen aus allen Kreisen der Bevölkerung errungen hat. Mit aller Energie griff die Presse um sich und schleuderte seitenlange Artikel gegen das ekelerregende Orangenschalenwerfen auf den Straßen aus, und im Nu war der Christbaumhandel in den Sommermonaten aufgehoben. Der chinesische Armenpflegschaftsrat Tschin Tschin setzte sich mit der Nürnberger Lebkuchenindustrie in Verbindung und bezweckte damit, daß im Prozesse der Römischen Briefmarkensammlungsgesellschaft mit elektrischem Kraftbetrieb gegen die schwedische Turteltaubenzüchterei eine einigermaßen zustande gekommene Einigung erzielt werden konnte.

Die Beiseitelegung des Handelsvertrages mit der sizilianischen Straßenreinigungsaktiengesellschaft, welche mit 120% des Grund- und Hausbesitzervereins im Kegelklub Alt-Heidelberg eine abermalige Verzinsung der Reichskassakontosteuer zu Allach (Bezirksamt Berlin) in Anrechnung brachte, konnte kraft seines dreihundertjährigen Bestehens des afrikanischen Perlacher Knabenhortes zur nochmaligen Submission herangezogen werden.

Nach meiner Ansicht steht also der Erbauung eines Männergesangvereinerholungsheimes nicht mehr das geringste im Wege und gebe hiermit das Wort Herrn Stadtrat Westermeier.

STADTRAT WESTERMEIER: Meine Herrn! Die Worte meines Vorgängers waren Mist. *Pfuirufe.* Niemals soll diese Schundansicht zur Durchführung kommen. *Pfeifen, allgemeines Gemurmel.* Das Übereinkommen des chinesischen Schaukelbudenbesitzers mit der Nürnberger Lebkuchenfabrikationsgesellschaft ist erbärmliche Lüge!!! *Hört, hört.* Das Kleinhesseloher-See-Geschwader war ja von dem Großhesseloher Kirchweihfest gar nicht eingeweiht. *Lüge – Schiebung.* Das sind ja elende Lausbubengerüchte!!! *Bravo, Bravo – Ha, ha, ha, ha – anhaltendes Hohngelächter.*

Wie konnte Seine Exzellenz der Großkaufmann Plieventans seine Grundbesitzungen zur Erbauung eines Männergesangvereinerholungsheimes reserviert halten – er mußte doch wissen, daß der Grund- und Hausbesitzerverein beim Magistrat, Abteilung für Schmetterlingssammlung, III. Stock, Zimmer Nr. 00, noch gar nicht vorstellig geworden war. *Empörung.*

Wie konnte die Münzenzeltgießerei den Antrag zur Erbauung eines Männergesangvereinerholungsheimes stellen, ohne – nicht den geringsten Einblick in den Laubsägeholzlagerplatz zu haben. Das sind ja direkte Erpressungen. *Ausrufe: Das ist Mumpitz – das ist Humbug.*

Die Anisloabl- und Mohnweckerlkommission hat mit Recht sämtliche Zweiräderkarren des Dienstmanninstitutes konfiszieren lassen, denn gerade durch das Schifferlfahren am Starnberger Bahnhof waren die Geleise derart stark beschädigt, daß das betrügerische Einschränken in und außerhalb der heißen Jahreszeiten im Hofbräuhaus nicht zu-, sondern abnimmt. *Pfui – Gemeinheit – Schluß!!! Hinaus mit dem Kerl!!! – Furchtbarer Tumult. Glockenzeichen BBBBrrrrrr!!!*

Meine Herren! Meiner Ansicht nach steht also der Erbauung eines Männergesangvereinerholungsheimes nichts mehr im Wege, ich schließe die heutige Sitzung mit der Bitte an alle anwesenden Herren Stadträte...

Auf in den Ratskeller!!!

Aus der Hausordnung
eines Anwesens
an der Münchner Schellingstraße
(um 1980)

Sämtliche Reparaturen, einschließlich Schönheitsreparaturen sind vom Mieter zu tragen.

Wäsche darf nur im Wäschespeicher getrocknet werden.

Eine Geschirrspülmaschine darf in der Wohnung nicht verwendet werden!

Nach 21 Uhr darf nicht gebadet werden noch eine Waschmaschine laufen.

Vor und an den Fenstern darf nichts (z. B. Stricke, Vorrichtungen zum Wäschetrocknen, Blumenkästen, Vogelhäuschen u. Außenantenne usw.) angebracht werden und keine Wäsche getrocknet werden.

Vogelfütterung ist auf dem ganzen Grundstück nicht gestattet.

Der Hof steht dem Mieter zu keinerlei Zweck zur Verfügung!

Kinder dürfen sich nicht im Hof aufhalten.

Tierhaltung ist nicht gestattet.

Zerbrochene Fenster dürfen nicht gestückelt oder mit Blei zusammengesetzt werden, sondern müssen sofort wieder ganz ersetzt werden.

Hängeschränke werden nicht geduldet.

Es ist nicht erlaubt, Dübel in die Wand einzuputzen.

Kaminanschlüsse werden nicht gestattet.

Ölfarbsockel dürfen nur weiß überstrichen werden.

In keinem Zimmer darf eine Kochgelegenheit aufgestellt und angeschlossen werden! Die Küche darf in kein anderes Zimmer verlegt werden.

Fliesenarbeiten dürfen nur mit schriftlicher Genehmigung des Vermieters ausgeführt werden! Die vorhandenen Fliesen dürfen nicht durchgebohrt werden!

Versiegeltes Parkett nur mit kaltem Wasser ohne Zusatz abwaschen.

Abziehen der Böden ist nur mit vorheriger schriftlicher Genehmigung des Vermieters gestattet!

Die Parkettböden dürfen nur mit feinfein Stahlspänen abgerieben werden.

Die Weißwurst

Wie ich einmal beim Spöckmeier Weißwürste nach bester Münchner Manier gegessen hab, sagt ein alter Münchner zu mir:

»... Schauns Fräulein – a Weißwurscht muaß net unbedingt gfressn wern – ma kanns aa ganz sauber essen –«

Und dann hat er mirs gezeigt:

... zuerst ein Stück abschneiden, dann die Gabel seitlich hineinstechen, mit dem Messer den »Rücken« entlang die Haut aufschneiden und zugleich festhalten – und die Wurst dreht man raus und taucht sie in süßen Senf...

Aus Bonn kommt die schreckliche Mär, daß man dortselbst »Bayerische Weißwürste mit Sauerkraut und Pürree« (!!) verzehrt. »Das Bundeshausrestaurant trage dem Geschmack der Mehrzahl der Besucher Rechnung, die Weißwürste eben nicht auf ›bayerische Art‹ zu sich nehmen wollten...«

In München sind auf diese Nachricht hin ganze Stammtische seelisch zusammengebrochen...!!

Franz Hugo Mösslang
Die Weißwürscht und der Leberkäs

Im Gegensatz zum Schweinsbraten ist die Weißwurst (sprich Weißwurscht) eine junge bayerische Spezialität. Während jener bereits die Beschwerden der Völkerwanderung erträglich machte, wurde diese erst im 19. Jahrhundert entdeckt. Infolge einer Fehldisposition des ehrengeachteten Metzgergesellen Sepp Moser erblickte sie am 22. Februar des Jahres 1857 morgens fünf Uhr das Licht der Welt. Ihre Geburtsstätte liegt am Münchner Marienplatz und zwar in der Häuserfront gegenüber dem Rathaus, wo heute der »Peterhof« steht.

Die Mutter der Weißwurst *(farcimentum album)* ist die überzarte Bratwurst, die jener Metzgergeselle nach Form und Inhalt zur Weißwurst verwandelt hat. Das Rezept: sehr junges Kalbfleisch, durch den Wolf getrieben, leicht gesalzen, mit viel Wasser versetzt und gekocht. Dazu kommt roher Rübenspeck, Kalbsrippenfleisch und gekochte, fein zerteilte Schweineschwarte. Ferner Zwiebeln, Salz, Pfeffer, geriebene Zitronenschale und reichlich Petersilie. Als besonderes Gewürz Kardamom und die Mazisblüte Banda. Das richtige Mischverhältnis erfordert ebensoviel Kunstfertigkeit wie Glück. Wer beides besitzt, hütet es als Geheimnis.

Über das Wesen und den Gebrauch der Weißwurst in Bayern kursieren seltsame Ansichten. Deshalb muß sogleich festgestellt werden: Sowenig der Altbayer und besonders der Münchner ununterbrochen jodlt, kammerfensterlt, schuhplattlt, fingerhaklt, Lederhosen trägt und Gemsen jagt, sowenig ißt er ununterbrochen Weißwürscht.

Die Weißwurst ist eine Delikatesse. Als solche ist sie nicht billig und schon deshalb kein Volksnahrungsmittel. Sie verlangt ferner ein aufwendiges, vor allem zeitraubendes Genußritual und eine Eßkultur, deren Vernachlässigung sich mit raschem Überdruß und Schlimmerem rächt. Mit der französischen Küche hat die Weißwurst einen ihrer schönsten Vorzüge gemeinsam: Sie beschäftigt den Magen, aber sie belastet ihn nicht. Den einzelnen Esser erfüllt sie mit der Genugtuung des souveränen Spezialisten. In Gesellschaft beansprucht sie niemals die Hauptrolle. Gleich dem Wein wirkt sie als Stimulans zu guten Gesprächen, über die man seine Sorgen und den Stundenschlag vergißt. Sie macht nicht müde, sie macht heiter. Ihr Duft erinnert an die verhaltene Herbheit des Schneeglöckchens, doch ist er im Grunde ebensowenig definierbar, wie er mit irgendeinem anderen verwechselt werden kann. Niemals überfordert die Weißwurst den Gaumen, so daß das feine Aroma des

süßen Weißwurstsenfs, der frischen Laugenbretzn, des moussierenden Weißbiers oder der Erddunst des Frankenviertels, neben ihr zu ihren vollen Rechten kommen.

Der Münchner hält die Weißwurst nicht für eine bayerische, sondern für eine Münchner Spezialität. Er ist davon überzeugt, daß sie nur in ihrer Vaterstadt zur Vollkommenheit gedeiht. Zwar hat sich die Weißwurst längst über ganz Altbayern verbreitet, doch weigert sich ihr konservativer Münchner Liebhaber, sie außerhalb seiner Stadt zu bestellen. Eher nimmt er den Schmerz des Verzichts auf sich, als eine Weißwurst zu essen, die er für zweitrangig hält. Zu Hause zieht er die Brotzeit, eine Art Weißwurstfrühschoppen, im Stadtkern der im Weichbild der Stadt vor. Aber auch innerhalb des Altstadtkerns beherrscht den Kenner stets ein gespanntes Jagdfieber nach der vollkommenen Weißwurst. Er, der gewöhnlich unter keinen Umständen gewillt ist, sein Stammlokal zu wechseln, er zieht dem Ruf der jeweils besten Weißwurst nach, sobald er ihn vernimmt.

Ebenso hält sich der konservative Münchner an die alte Regel, nach der die Weißwurst das Zwölfuhrläuten nicht erleben darf, obwohl ihr die moderne Lebensmittelhygiene längst jeden Grund entzogen hat: Sie wird, im Gegensatz zu früher, nicht roh, sondern abgebrüht bis zum Verbrauch aufbewahrt.

Die richtige Stunde für die Weißwurstpause errechnet sich aus der Halbzeit zwischen Frühstück und Mittagessen. Diese fällt normalerweise auf die Zeit

zwischen neun und elf Uhr, bei Frühaufstehern aber zwischen sechs und neun Uhr. Für die letzteren sind in München ständig bestimmte Lokale geöffnet, die eine ganz andere Gruppe von Weißwurstfreunden ebenfalls frequentiert: die Nachtbummler. Diese bedienen sich der Weißwurst vorzüglich als Medizin, um den verdorbenen Magen wieder »einzurichten«. In der gemischten Gesellschaft solcher früh geöffneten Lokale gelingt es der geselligkeitsbildenden Kraft der Weißwurst meist, alle sozialen und fast alle politischen Spannungen aufzuheben und das Mirakel einer allgemeinen Verbrüderung zu vollziehen.

Die Weißwurst stellt höchste Ansprüche bei ihrem Abschied vom Dasein. Sie will nur ungern zu Hause verzehrt werden. Nur im Wirtshaus wird man ihr mit Zuverlässigkeit gerecht. Sie will, auch in kleinsten Mengen, aus heißer Terrine auf den Teller genommen werden. Die Brezn müssen frisch und in größerer Auswahl in appetitlichen Körbchen auf weißblau karierter Tischdecke greifbar sein. Dazu reichlich mit Kümmel gebackene »Maurerloibi« und Römische Weckerln (nach ihrem Erfinder, dem Bäcker Remisch, so genannt). Unmöglich sind Semmeln, Salzstangerln und Mohnweckerl. Unabdingbar dagegen, daß das Bier aus dem »laufenden Faß« stammt, auch muß es vom jugendlich knospenden Biermops (dem weiblichen Kellnerlehrling) freundlich serviert werden, während nur die frauliche Fülle und das sorgende Wissen einer Kellnerin die untadelige Güte des Gerichts garantieren, das sie auf den Tisch stellt. Findet sich zuletzt noch ein gleichgesinnter »Herr Nachbar« zum Weißwurstfrühschoppen, mit dem man um die Wette die Schlechtigkeit der Welt im allgemeinen und die der Gegenwart im besonderen apostrophieren kann, dann geht die Weißwurst zufrieden den Weg alles Irdischen.

Allein in München werden täglich wenigstens 120000 Weißwürste umgesetzt. Berechnet man auf den Magen des Normalweißwurstverbrauchers vier Stück im Durchschnitt (weil der Kenner entweder drei oder fünf Stück dem Zuwenig von zweien und dem Zuviel von sechsen vorzieht), so ergibt sich für München eine tägliche Weißwurstgemeinde von 30000 Köpfen. Wie hoch dabei die Zahl neugieriger, bekehrter oder begeisterter Gäste von auswärts anzuschlagen ist, entzieht sich der Berechnung. Sie muß aber im Sommer und während des Faschings, auch bei Kongressen und während des Oktoberfests sehr bedeutend sein, so daß man leicht begreift, wie klein die eingeborene Weißwurstgemeinde ist. Womit bewiesen wäre, daß die Weißwurst selbst bei den Münchnern als delikater Luxus gilt, der unabhängigen Geschäftsleuten, Pensionisten, Gewerbetreibenden regelmäßig, der übrigen Menschheit aber nur bei Hochzeiten, Begräbnissen und anderen besonderen Anlässen gestattet ist.

In jüngerer Zeit haben sich die strengen Weißwurstsitten außerordentlich gelockert. Selbst der bayerische »Weißwurstäquator«, der generationenlang mit dem Lauf der Donau zusammenfiel, ist hoffnungslos überschritten, seit eine kühne Münchner Wurstfabrik den sakrilegischen Versuch unternahm, die Weißwurst in eine Konserve zu verwandeln. Er ist wider Erwarten gelungen. Es gibt heute auf der Erde keinen einigermaßen kultivierten Platz mehr, an dem man nicht zu jeder beliebigen Stunde seine Weißwurstpause machen könnte. So wurde eine solche Pause aus der Dose vom smarten US-Protokoll für Bundeskanzler Adenauer eingelegt, als er nach New York kam.

Die Weißwurst ist also gewissermaßen Freiwild geworden. Doch sollte jeder, der Austern nicht mit Leberknödeln und Kartoffelsalat oder zur Torte keinen Senf mag, auch die Weißwurst vor solchen Kombinationen bewahren. Sie verdient es. Auch soll er immer noch nicht »ein Paar« bestellen, denn die Weißwurst gibt es stückweise, und in den ungeraden Zahlen steckt eines der Geheimnisse ihres Erfolgs. Besonders aber soll niemand »Weißwürstl« bestellen. Das ist eine glatte Beleidigung ihrer drallen und gewichtigen Majestät und wird von ihrem Leibgardisten, der Kellnerin, oft mit weit mehr als vernichtenden Blicken gerächt.

Die Weißwurst hat sogar Eingang in den Lehrbetrieb der Münchner Universität gefunden. Vor Jahrzehnten erklärte ein Münchner Professor der Volkswirtschaft seine Auffassung vom volkswirtschaftlichen Wert des Luxus, indem er sagte: »Sehen Sie, meine Herren, da geht der Privatier Huber jeden Tag mit seinem Dackel in die ›Drei Rosen‹ und verschmaust sieben Weißwürst zum Frühschoppen. Die sieben Häute bekommt der Dackel. Nachher beim Mittagessen wundert sich der Herr Huber, daß er selbst so wenig und der Dackel so einen großen Appetit hat. Luxus zahlt sich eben, volkswirtschaftlich, nicht aus.«

Und in neuerer Zeit doziert ein Professor der Philosophie: »Meine Damen und Herren, Sie leben in München, und die Weißwurst ist für Sie ein Begriff. Als Kenner wissen Sie auch, daß ein und dieselbe Weißwurst anders schmeckt, je nachdem, wann und wo man sie ißt. Vor dem Zwölfuhrläuten in München macht sie auch noch Spaß, aber nach dem Zwölfuhrläuten und in Hamburg – das geht zu weit. Und damit haben Sie, meine Damen und Herren, Einsteins Relativitätstheorie sozusagen in der Weißwurst.«

Der Münchner Leberkäs ist im Gegensatz zur Weißwurst ein Volksnahrungsmittel. Zu Recht, denn er ist billig, und niemand kann sich an ihm überessen. Daß er nicht gefeiert und besungen, niemals als Symbol auf Plakate, Speisekarten und Einladungen gezeich-

net wird, ist weniger gerecht. Es geht ihm da wie dem Hering, der es auch niemals zum Rang einer Delikatesse gebracht hat. Warum? »Ja, wenn der Hering einen Taler kosten würde!« hat Bismarck einmal gastronomisch philosophiert. Und daran liegt es. Der Leberkäs ist vorzüglich eine Brotzeit. Als solche ist er jedoch an keine bestimmte Zeit gebunden. Er eignet sich um zweiten Frühstück ebenso wie zum Frühschoppen vor dem Mittagessen, aber auch am Nachmittag vor dem Abendessen und nachher noch mal, wenn der »Abend« lang wird. Gleichermaßen aber kann er auch ein vollwertiges Mittag- oder Abendessen sein.

Als Brotzeit kann man ihn kalt essen. Hundert Gramm, dazu ein »Loibi« oder auch eine Semmel, genügen. Der Kenner freilich zieht den warmen Leberkäs vor. Selbst für einen Junggesellen ist es nicht schwer, ihn am häuslichen Herd aufzuwärmen, und in den Münchner Gaststätten kann man ihn jederzeit angewärmt erhalten. Am besten schmeckt er jedoch, wenn er noch ganz neu und frisch, wenn er metzgerwarm ist. Dann duftet er geradezu innig, tropft vor Saftigkeit und braucht weder Teller noch Messer und Gabel, man verspeist ihn einfach »aus dem Papierl«, beim Metzger selbst, auf der Straße oder gschamigerweise in einem Hauseingang. Oft findet man ihn auf dem Beifahrersitz wartender Taxis, und wer ein Herz hat, verlangt die Abfahrt erst, wenn der Fahrer sein Taschenmesser wieder zuklappt. Dafür bekommt der Fahrgast auch ein »Trumm« mit Rinde ab.

Das Beste am Leberkäs ist diese Rinde. Gewiegte Leberkäsesser reservieren sich schon zeitig den rindenreichen Anschnitt durch Voranmeldung, wenn der Metzger auf seiner Tafel ankündigt: »Ab fünf Uhr (d. h. ab 17.00 Uhr) warmen Leberkäs!«

Der Leberkäs besteht gemeinhin aus achtzig Prozent Rind- und zwanzig Prozent Schweinefleisch. Das warme »Rindsbräd« wird durch den Wolf gedreht, mit Wasser und Salz vermengt und gelagert. Dazu kommt später gepökeltes Fleisch und das ebenfalls durch den Wolf gedrehte Schweinefleisch. Auch soll er mit ungeräucherten Speckwürfeln »gekörnt« sein, und statt des Schweinefleisches kann auch Kalbfleisch verwendet werden. Das Gemengsel wird »im Rohr« aufgebacken und aus der heißen Bratpfanne im Laden verkauft. Die Gewürze, die den typischen Geschmack des Schmankerls ausmachen, verraten natürlich die einzelnen Metzger nicht.

Als Mittags- oder Abendmahlzeit wird der Leberkäs in der Pfanne angebräunt, mit einem »Ochsenaug« belegt und auf alle Fälle mit dem schlichten Münchner Kartoffelsalat (ohne Sahne und sonstwas) verspeist. Man kann ihn aber auch in Bierteig backen, panieren oder in der Auflaufform, mit Käs bestreut, zubereiten. Auf die letztgenannte Weise kommt der Leberkäs endlich auch und wenigstens äußerlich in ehrliche Beziehung zu seinem Namen. Dagegen ist beim Münchner Leberkäs schwerlich eine ebenso ehrliche zur Leber zu finden. Im Münchner Leberkäs gibt es keine Leber.

Daraus entstand vor nicht allzu langer Zeit der Große Leberkäskrieg. In Nürnberg wurde ein Metzger angezeigt, weil in seinem Leberkäs keine Spur von Leber zu finden war. Er habe damit, so hieß es, gegen das Lebensmittelgesetz verstoßen. Sachkundige fan-

den heraus, daß das Gesetz in Baden-Württemberg und in Hessen das Vorhandensein von Leber im Leberkäs fordere und – in Bayern auch. Nur: in Altbayern wurde es nie befolgt. Im Gegenteil, das bayerische Innenministerium hatte vor Jahren den altbayerischen Leberkäs ohne Leber durch einen Sonderukas erlaubt. Das sollte jetzt anders werden. Der Leberkäs habe entweder Leber zu enthalten oder er müsse seinen Namen ändern. Schluß mit der Irreführung des Käufers. Da aber brach der Volkszorn aus. Der Kompromißvorschlag, den Leberkäs nur mit dem Vermerk »ohne Leber« anzubieten, wurde mit dem höhnischen Gegenvorschlag abgetan, man könnte ja in Zukunft den Leberkäs einfach Alfa-, Beta- oder Gammakäs nennen. Überhaupt, was heiße da Irreführung des Konsumenten? Erwarte der Käufer vielleicht, daß in der Teewurst Tee, in der Bierwurst Bier, in der Regensburger ein zerstückelter Bürger Regensburgs, in der Königinpastete eine Königin und in der Radlermaß ein Radfahrer verarbeitet sein müsse? Selbst der Meerrettich habe nichts mit dem Meer zu tun, stellten die Philologen fest. »Meer« komme von Mähre, und der Meerrettich sei also ein Pferderettich, auch wenn kein Pferd in ihm enthalten ist. So habe auch der Leberkäs nichts mit der Leber zu tun. Das Wort Leber komme von Laib oder Lab und bezeichnet die Form des beliebten altbayerisch-münchner Schmankerls, eine Form, in die seinerzeit die römischen Besatzer eine von ihnen geschätzte Käseart zu gießen beliebten.

Einmütig stellten Metzger und Verbraucher fest: Leber im oberbayerischen Leberkäs verstößt gegen den guten Geschmack, sein Aussehen würde unansehnlich grau, der Gaumen, der den echten Leberkäs erwarte, schaudere vor dem völlig fremd gewordenen Genußmittel. Möglicherweise mögen so etwas die Schwaben und Hessen, was geht das uns an? Und auf der Speisekarte bleibt der Leberkäs (um Gottes willen nicht Leberkäse) stehen, mindestens so lange, als die Kölner auf ihren Karten den »Halben Hahn« anbieten.

Münchens größte Biergärten

1. Königlicher Hirschgarten: 8000 Plätze
   Neuhausen
2. Biergarten am Chinesischen Turm: 6000 Plätze
   Englischer Garten
3. Salvator-Keller: 3500 Plätze
   Giesing
4. Zum Flaucher: 2500 Plätze
   Thalkirchen
5. Taxis-Garten: 1500 Plätze
   Neuhausen

Im Biergarten kommt die Kellnerin an einen Tisch und fragt: »Was kriang ma?« – Die Männer bestellen: »A Dunkls – a Hells – a Puis – a Radlamaß – a Weiß'!« Einer ruft der Kellnerin nach: »Aba a saubas Glas, bittscheen!« – Die Kellnerin stellt jedem sein Bier hin und fragt: »Wer hat des im sauban Glas woin?«

Drei Münchner sitzen am Wirtshaustisch. Ein Fremder kommt und sagt: »Gestatten?« Die drei tun, als hätten sie nichts gehört. Er setzt sich trotzdem hin. Die anderen stieren grantig in ihre Maßkrüge. – »Sehr gemütlich ist es hier«, sagt der Fremde. – Die drei sind taub und stumm. Als sie dann einmal trinken wollen, hebt er sein Glas und sagt: »Prost!« – Daraufhin trinken sie nicht, sondern stellen ihre Krüge wieder auf den Tisch. Sie rücken noch enger zusammen und noch weiter vom andern weg. – Da kommt eine Sammlerin von der Caritas. Der Fremde wirft fünf Mark in die Büchse. Dann hält sie die Büchse den Münchnern hin. Jetzt schauen sie alle drei auf. Einer fährt mit dem Finger im Kreis herum und sagt: »Mir viere ghörn zamm!«

Ein Münchner bestellt sich im Hofbräuhaus zwei Maß Bier, eine für sich und eine für seinen kleinen Buben. Ein Fremder, der am Tisch sitzt, regt sich auf: »Um Himmels willen, Sie können doch dem Jungen nicht einen ganzen Liter Bier zu trinken geben!« – »O mei«, sagt der Münchner, »was woaß denn so a Kind scho, was a Liter is!«

Ulrich Wickert

Demontage

Zuviel Staat zerstört des Lebens Wesen. Da hat ein Verwaltungsgericht in München die Sperrstunden für Biergärten auf halb zehn Uhr abends festgelegt. Flugs hat die CSU-Landtagsfraktion einen Dringlichkeitsantrag gegen zu frühe Sperrzeiten eingebracht. »Der weiteren Demontage bayrischer Lebensart muß ein Riegel vorgeschoben werden«, klagt CSU-Mittelstandssprecher Heinrich Traublinger. Angefangen hätte es mit Urteilen gegen Kuhglocken, krähende Hähne oder den dörflichen Misthaufen. Und mit diesen Urteilen verschwänden ja auch die Wetterregeln der Bauern wie: Wenn der Hahn kräht auf dem Mist, ändert sich das Wetter, oder es bleibt, wie es ist.

Eugen Roth

Das Oktoberfest

Zu Münchens schönsten Paradiesen
Zählt ohne Zweifel seine Wiesen.
Im Frühling, Sommer, auch im Winter
Ist allerdings nicht viel dahinter,
Da ist sie nur ein weiter Plan,
Ein Umweg für die Straßenbahn.
Jedoch im *Herbst* ist dieser Platz
Des Münchners wundervollster Schatz.

»Auf geht's«, mit dieser Lustfanfare
Eröffnet man in jedem Jahre
Das Volksfest, welches hochgepriesen
Der Münchner bündig nur nennt »D'Wies'n«.

Nur ungern, das sieht jeder ein,
Geht auf die Wiese man allein.
Denn wenn man in der Budenstadt
Nicht gleich den richtigen Anschluß hat,
Dann steht man stur in dem Gedudel,
Fühlt sich wie ein begoss'ner Pudel,
Schweift stumm und traurig her und hin,
Besauft sich höchstens ohne Sinn,
Denkt »Fauler Zauber«, »Alter Leim«,
Und geht verdrossen wieder heim.

Höchst unbeliebt sind die Begleiter,
Die rücksichtslos, geschäftig-heiter
Im Volksgewühl an allen Kassen
Gerade dich vorangehn lassen,
Großmütig in der Tasche graben,
Doch leider grad kein Kleingeld haben,
Die tückisch warten bis zum Schluß,
Wo irgendeiner zahlen muß,
Und die erreichen mit viel List,
Daß du dann dieser eine bist!

Mit anderen Worten, derben, kurzen,
Kein Mensch macht gerne eine Wurzen.

Als erstes gibts wohl, für den Magen
Zu schaffen rechte Unterlagen.
Doch steuert nie, in kurzem Wahn,
Die »nächste, beste« Bude an!

Doch was ist auf dem bunten Feste
Zu nennen wohl das nächste beste?
Hier schmort die Schweinswurst auf dem Rost,
Dort schenkt man Wein und Apfelmost,
Hier sieht man bei fidelen Schrammeln
Sich wieder andre froh versammeln,
Und schon wird an dem dritten Punkt
Die Dünne in den Senf getunkt.
Dort fieselt wer an seinem Tisch,
Beziehungsweis am Steckerlfisch
Und leckt mit einer kaum geringern
Begierde an den eignen Fingern.
Die Wünsche werden immer kühner
Und blicken auf gebratne Hühner,
Die unerschwinglich sind zumeist,
Auch wenn man sie nur »Hendln« heißt.

Doch schau, was kommt am Schluß heraus?
Der Bierpalast mit Hendlschmaus,
Wo ungeheure Blechmusiken
Den Lärm durch Rauch und Bierdunst schicken
Und wo die Menge brausend schwillt,
Vom Bier zum Teil schon ganz erfüllt,
Teils erst vom Wunsch, erfüllt zu werden,
Doch durchwegs selig schon auf Erden.

Es laufen Kellnerinnen emsig
Durch alle Reih'n, wo wild und bremsig
Die Menge ohne Unterlaß
Sich heiser schreit nach einer Maß.
Zwölf Krüge an den Brüsten säugend,
Wirkt solche Wunschmaid überzeugend.

Wer zählt die Völker, kennt die Namen,
Die gastlich hier zusammenkamen?
Von Augsburg und vom Isengau,
Von Freising, aus der Hallertau,
Aus Franken, Schwaben, Sachsen, Hessen,
Die Preußen selbst nicht zu vergessen,
Und all die andern Wiesenpilger,
Die Drei-Millionen-Maß-Vertilger.

Doch will das Volk zum Bier auch Spiel,
Drum sucht man noch ein andres Ziel;
Man stürmt die Wunderstadt der Buden
Mit Löwenmenschen, Botokuden
Und ist schon tief hineingeraten
In Zauberwälder von Plakaten,
Die in phantastisch grellen Bildern
Die Märchenwelt der Wiesen schildern.
Hier ist ein Zwillingspaar verwachsen,
Aus Siam oder nur aus Sachsen,
Die Seekuh ist halb Fisch, halb Weib,
Die Dame ohne Unterleib
Wetteifert mit der Pantherdame,
Usamba-Wamba ist ihr Name,

Der wonnevoll nach Wüste schmeckt,
Ihr ganzer Leib ist braun gefleckt;
Ein Schlangenmensch grotesk sich renkt,
Beim Schichtl sich das Fallbeil senkt.
Kurzum, was grauenvoll und selten,
Wird angepriesen vor den Zelten,
Bis, was der Vorhang tief verbirgt,
So zwingend auf die Neugier wirkt,
Daß wir uns ahnungsvoll und schauernd
(Erst hinterher das Geld bedauernd)
Hindrängen, um, hereingebeten,
Das Innere staunend zu betreten.
Da stehn sie, ahnungstief wie Kinder,
Vor einem Manne im Zylinder,
Und in der Menge, die sich staut,
Brüllt dieser Mensch entsetzlich laut:
»Sie sehen hier für billiges Geld
Das größte Phänomen der Welt!
Das Urwelträtsel jeder Rasse!
Zur Kasse, Kassa, Kassakasse!
Das Phänomen der Mumienleichen!
Die Glocke gibt das letzte Zeichen!

Enthüllung magischer Natur!
Zehn Fennich! Für Erwachsne nur!«
Der Schweiß ihm aus den Haaren rinnt:
»Zehn Fenniche! Der Akt beginnt!«
Man sucht sich nunmehr als Stratege
Nach Kräften immer neue Wege.
Hinweg von Flöh'n und Marionetten
Und Wachsfigurenkabinetten,
Heraus jetzt aus den wilden Dünsten
Von Papa Schichtls Zauberkünsten,
Zu neuem Ziel hinauf, hinan,
Hinein in eine Achterbahn!
Man fühlt sich sanft emporgehoben
Und sieht die Lichterstadt von oben,
Wie alles glänzt und dampft und braust,
Bis unverhofft man abwärts saust
In Stürzen, wollustangsterregend,
Besonders in der Magengegend.
Wie herrlich da die Weiber kreischen,
Indes verzückt in fremden Fleischen
Im selig-wirren Klirren, Schwirren,
Die Männerhände sich verirren.
Wie schnell macht solche Fahrt gefährtlich,
Man wird zu zweien schon recht zärtlich,
Und mancher legt um manches schlanke
Gewölbe die Beschützer-Pranke.
Das ist die hochberühmte Zeit
Der Münchner Urgemütlichkeit,
Wo an den bunt besetzten Tischen
Die Unterschiede sich verwischen,

Die Herkunft, Bildung, Geld, Beruf
Dem Menschen oft zum Unheil schuf.
Der Maurer hockt bei dem Professer,
Und zwar je enger, um so besser,
Und auch die andern sitzen da,
Mit Leib und Seel' einander nah.
Nicht lästerlich und liederlich,
Nur schwesterlich und brüderlich.
Man sucht sich wild ins Volk zu mengen,
Sich in die andern einzuhängen.
Schiffsschaukelorgelorgien rasen
Mit Trommeln und Trompetenblasen,
Sirenenheulen, Schiffsgebimmel
Stürzt unabsehbar mit Gewimmel
Zu ewig neuer Lust entfacht
Die Menge in die Wiesenschlacht.
Es blitzt von Purpur, Perlenflitter,
Die Schweinswurst raucht am glühnden Gitter,
Die Rösser stampfen stolz und schwer,
Die Banzen rollen prächtig her,
Der Kasperl krächzt »Seid's alle da?«
Und tausendstimmig jauchzt es: »Ja!«
Und ringsum brodelt's, brandet's, gaukelt's
Und rollt's und rutscht's und schießt's und
    schaukelt's,
Das Jahr ist lang, die Wies'n kurz,
Hinein denn in den wilden Sturz!
Zufrieden jauchzet groß und klein:
»Hier bin ich Mensch, hier darf ich's sein!«

HERBERT ROSENDORFER

Föhn

Der Föhn ist ein Mittelding zwischen Naturphänomen und Massenhypochondrie. Der Föhn ist ein »warmer trockener Fallwind, der auf der Alpennordseite, oft mit großer Heftigkeit, talwärts weht« (Brockhaus, 17. Auflage). Der Name »Föhn« stammt zwar aus dem Lateinischen – favonius = lauer Westwind – und kam über die Schweiz zu uns, der Münchner hörte es aber sehr ungern, daß es irgendwo anders auch einen Föhn gibt. Der Münchner würde auf Weißwürste, den Bischof, die Feldherrnhalle, den lieben Gott, ja selbst auf den Augustiner-Keller und die Tauben-Mutterln verzichten – auf den haßgeliebten Föhn könnte er nicht verzichten. Der Föhn ist gewissermaßen der Stachel, an dem er, wenn er ihn spürt, merkt, daß er lebt. Wenn schon anderswo und gelegentlich Föhn wehen sollte, dann legt der Münchner zumindest Wert auf die Feststellung, daß München die weitaus höchste Zahl meteorologisch anerkannter, tadelloser Föhntage hat. Und der Föhn anderswo ist natürlich qualitativ rein nichts gegen den Münchner Föhn. Nun darf man aber nicht meinen, man spüre den Föhn körperlich in dem Sinn, daß ein Wind weht. Mitnichten: der Föhn tritt auch – was den Zugereisten anfangs verwirren mag – bei absoluter Windstille auf. Ist ein Münchner besonders grantig, und fragt ihn ein Fremder – nur ein Fremder kann da noch fragen –, was er denn habe, so antwortet der Münchner in neun von zehn Fällen: »Heit is Föhn.« »Aber ich spüre doch keinen Luftzug. Der Föhn ist doch ein Wind, der von den Alpen etc. etc.« »Sehns', was Sie für a G'wasch red'n. Sie merken an Föhn aa scho.«

Der Föhn kann also materiell oder immateriell auftreten. Nicht nur die Windstille kann den Föhn nicht am Eindringen in die Stadt hindern, das kann nicht einmal ein scharfer Nordwind. Wollte man argumentieren: Bei scharfem Nordwind kann doch kein lauer Südwind gleichzeitig wehen, machte man sich meteorologischer Zimperlichkeit verdächtig. Der Föhn weht, wo er will, wie er will, wohin er will, und er weht vor allem dann, wenn er nicht weht. Auch an Jahreszeiten ist der Föhn nicht gebunden. Zwar gibt es verschiedene Theorien. Alfons Doppelmeier, der das Münchner Wetter von 1892 bis 1958 sorgfältig registriert und in seinem kleinen Büchlein »60 Jahre Wetter und Unwetter über meiner Heimatstadt« kommentiert hat, kommt zu dem Schluß, der Föhn sei im Herbst besonders tückisch. Die Wetterwarte bestreitet das. Dr. Kajetan Zirl, der langjährige Leiter der

Alfons Doppelmeier (1870–1958) war Hausbesitzer in der Au. Er hatte keine andere Leidenschaft als das Wetter. Als er 22 Jahre alt war, also 1893, begann er das Wetter in München zu registrieren. Da er keinen Beruf auszuüben brauchte – er führte eine schöne, man muß schon sagen: Standesbezeichnung: Privater oder Privatier –, konnte er sich ganz seiner Leidenschaft der Wetterbeobachtung widmen.

Er machte das nach fast künstlerischen Gesichtspunkten. So verzeichnete er z. B. sämtliche merkwürdigen Wolkenbildungen nach Objektgruppen. Sein obengenanntes Büchlein vermerkt, daß am 6. August 1912 über dem Nockerberg eine dem Prinzregenten Luitpold ähnliche Wolkenbildung zu sehen war, am 18. September 1913 erschien über der Maximilianskirche eine Wolke in Gestalt I.K.H., der Prinzessin Pilar im Profil, am 22. Juli 1917 gar ein nahezu ganzfigürliches Wolkenportrait Sr. Majestät, weiland König Max' II. im Jagdkostüm, und sogar noch nach dem Sturz der Monarchie, am 14. März 1921, konnte man in einer kleinen Wolke über der Obergiesinger Kirche deutlich den Kopf des Kronprinzen Rupprecht erkennen. Das stammt alles aus der Objektgruppe: »Allerhöchstes Herrscherhaus«.

Andere Objektgruppen heißen: »Tiere; a) jagdbare, b) nicht jagdbare, c) Insekten«; »Religiöses (nach Konfession gegliedert)«, »Haushalts- und Gebrauchsgegenstände« (eine der schönsten Wolkenbildungen, die er jemals gesehen habe, schreibt Doppelmeier, sei am 4. April 1932 um 6 Uhr abends ein Schuhknöpfler im Abendrot gewesen. (Ein Schuhknöpfler ist ein heute ausgestorbenes Instrument, ein langer Haken mit Griff, mit dem die Frauen und Mädchen ehemals die hohen Knopfstiefel zuknöpfelten, indem sie mit dem Haken von außen durch das Schuhknopfloch fuhren, den Knopf ergriffen und mit einer bloßen Drehung der Hand den Knopf durch das Loch zogen.)

Was mir Alfons Doppelmeier besonders sympathisch macht, ist, daß er einen Hitlerkopf, den er am 31. Juli 1937 über der Theresienwiese beobachtet hatte, unter »Unanständiges« registrierte.

Doppelmeier verließ München selbstverständlich keinen Tag lang. Im Ersten Weltkrieg war er bereits zu alt, im Zweiten erst recht. Der Evakuierung 1944 entzog er sich mit Hartnäckigkeit und List. Damals hatte er bereits seine Häuser seinem Sohn übergeben, der nun seinerseits »Privatier« wurde. Der alte Doppelmeier bezeichnete sich seitdem als »Privatier in Ruhe«. 1952, nachdem er sechzig Jahre lang das Wetter beobachtet hatte, gab er das genannte Büchlein heraus. Die Wetterbeobachtungen bis zu seinem Tode 1958 sind noch unveröffentlicht, obwohl sie eine ganze Reihe von eigenwilligen und kühnen Feststellungen enthalten.

Münchner Wetterstation, litt an klaren, kalten Wintertagen oft so am Föhn, daß er unfähig war, anders als durch die Tatsache, daß er dazu unfähig war, das Wehen des Föhnes amtlich festzustellen.

Den Föhn erkennt man zumeist an der klaren Luft und daran, daß man von hohen Punkten der Stadt aus die Berge sieht. Aber auch daran ist der Föhn nicht gebunden. Es gibt Föhn bei Dunst, bei Regen, bei Nebel und bei Schneefall. Daß bei Föhn die Berge zu sehen sind, ist seine einzige gute Eigenschaft. Sonst hat er nur schlechte, er macht nämlich die Münchner: schläfrig, aufgeregt, durstig, hektisch, träge, durstig, hungrig, appetitlos, durstig, streitsüchtig, abgeschlafft, durstig, kurzsichtig, weitsichtig, durstig, nachtragend, vergeßlich, durstig, er bringt von Kopfschmerzen bis Sonnengeflechtsschwellungen sämtliche Krankheiten mit sich, eventuell schon vorhandene Krankheiten werden durch Föhn schlimmer, und er macht durstig. Bei Föhn fahren Autofahrer links, parken im Halteverbot, fahren bei Rot über die Kreuzung. Die Polizei schreibt bei Föhn mitunter diejenigen auf, die bei Grün über die Kreuzung fahren. Der Föhn verursacht schlechte Theateraufführungen, mißlungene Konferenzen, verlorene Fußballspiele, Fehlurteile bei Gericht, auch der Beschluß, die Olympischen Spiele nach München zu holen, wurde an einem Föhntag gefaßt.

Die Föhnkrankheit tritt in zwei Spielarten auf, und so unterscheidet sich die Münchner Bevölkerung nicht nur nach Männern und Weibern, nach SPD-

und CSU-Wählern, nach FC-Bayern- und Sechziger-Fans, sondern vor allem nach Vor-, Haupt- und Nachföhnern. Der Vorföhner leidet, wenn der Föhn noch nicht, der Nachföhner, wenn er nicht mehr da ist, der Hauptföhner dazwischen. Selbstverständlich gibt es auch kombinierte Föhner, Vor- und Nach-, die nicht genau wissen, ob sie schon oder noch unter dem Föhn leiden, und ganz Privilegierte, die gleichzeitig Vor-, Haupt- und Nachföhner sind und aus dem Ächzen und Stöhnen praktisch nur für die vierzehn Tage herauskommen, die sie im Sommer in Rimini oder auf Mallorca verbringen. Ganz besonders Sensible werden sich aber auch davon nicht abhalten lassen, und was ein ganz echter Föhner ist, der merkt sogar in Bangkok zum Beispiel, wenn am Marienplatz Föhn herrscht.

Unter Föhn zu leiden, ist ein Privileg der Münchner. Es gilt als Anbiederung, wenn ein Zugereister, womöglich ein Preuße, schon in den ersten Tagen über Kopfschmerzen wegen Föhn klagt. Denn es ist nahezu ein Münchner Statussymbol, möglichst stark unter Föhn zu leiden; mehr noch: Wer nicht unterm Föhn leidet, der gilt gar nicht als echter Münchner. Da gab es den Fall jenes Münchners, dem der Föhn nichts anhaben konnte, ja, der den Föhn nicht einmal spürte. »Ist heute Föhn?« fragte er oftmals erstaunt seine Kollegen im Büro. »Was?« sagten die Kollegen, »Sie spüren den Föhn nicht?« Der Mann wurde ganz unglücklich. Er probierte alles, lauschte in sich hinein, achtete bei garantiert echten Föhntagen – an denen man von den Frauentürmen aus das Weiße in den Augen der Watzmann-Gemsen sehen konnte – auf die feinsten Regungen in seinem Hirn, ob nicht doch ein leiser Schmerz aufkäme... nichts. Der Mann wurde mit der Zeit überhaupt nicht mehr ernst genommen. Er wurde nicht befördert, die Eidesfähigkeit wurde ihm abgesprochen, kein Mädchen wollte mit ihm etwas zu tun haben; als sein Beichtvater, der im Beichtstuhl unterm Föhn ächzte, von der Föhnunanfälligkeit des Mannes erfuhr, versagte er ihm die Absolution. Da hängte sich der Mann auf.

»Der Föhn!« sagten mitfühlend die Nachbarn, zu spät.

Im übrigen ist das Klima Münchens mit dem einen Wort am besten umschrieben, das in Doppelmeiers meteorologischen Aufzeichnungen am häufigsten auftaucht: Sauwetter. »Gegenden nördlich des Alpenhauptkammes«, faßt Doppelmeier im Nachwort seines Buches zusammen, »müssen aus klimatischen Gründen als für menschliches Leben ungeeignet angesehen werden.«

Quellennachweis

Peter Paul Althaus: In der Traumstadt, in: In der Traumstadt, Karlsruhe 1953. Mit freundlicher Genehmigung des Rechteinhabers.

Oskar Maria Graf: ... München?, in: Mein München. Ein Lesebuch, Frankfurt am Main/Berlin 1992. Mit freundlicher Genehmigung des Südwest Verlages GmbH & Co. KG, München.

Thomas Mann: Gladius Dei, in: Gesammelte Werke in dreizehn Bänden. Band VIII: Erzählungen, Frankfurt am Main 1960, 1974. Mit freundlicher Genehmigung des S. Fischer Verlages GmbH, Frankfurt am Main.

Joachim Bartels: Kennen Sie sich aus in München? Hamburg 1994, Originalbeitrag. Mit freundlicher Genehmigung des Autors.

Herbert Rosendorfer: Stadtteilkunde*; Föhn, in: Königlich bayerisches Sportbrevier, München 1984. Mit freundlicher Genehmigung des Nymphenburger Verlages in der F. A. Herbig Verlagsbuchhandlung GmbH, München.

Wolfgang Koeppen: Beten am Marienplatz, in: Gesammelte Werke in 6 Bänden, Band 5, Frankfurt am Main. Mit freundlicher Genehmigung des Suhrkamp Verlages, Frankfurt am Main.

Franz Hohler: Die Asamkirche, in: Ein eigenartiger Tag, Darmstadt/Neuwied 1979. Mit freundlicher Genehmigung des Hermann Luchterhand Verlages, Darmstadt und Neuwied.

Karl Valentin: Englischer Garten (Auszug aus: Fremdenrundfahrt), in: Gesammelte Werke, Band III, München 1985. Mit freundlicher Genehmigung des Verlages R. Piper GmbH & Co. KG, München.

Axel Hacke: Eisbach marsch! in: MERIAN, »Bayern«, Ausgabe 8/45, Hamburg 1992. Mit freundlicher Genehmigung des Hoffmann & Campe Verlages, Hamburg.

Sigi Sommer: Im Schatten des Turms, in: Quo vadis Blasius?, Starnberg 1982. Mit freundlicher Genehmigung des Verlages R. S. Schulz, Starnberg.

Gerhard Polt/Hanns Christian Müller: Feuerbestattung, in: Da schau her. Alle alltäglichen Geschichten, Zürich 1984. Mit freundlicher Genehmigung des Haffmans Verlages AG, Zürich.

HANNELORE SCHÜTZ-DOINET/BRIGITTE ZANDER-SPAHN: Wer ko, der ko, in: Richtig reisen »München«, Köln 1981. Mit freundlicher Genehmigung des DuMont Buchverlages, Köln.

FRITZ MEINGAST: Lola Montez, in: Berühmte und Berüchtigte, Bayerische Porträts, München 1975. Mit freundlicher Genehmigung der Erben.

KARL VALENTIN: Eine fidele Münchner Stadtratssitzung anno dazumal*, in: Klagelied einer Wirtshaussemmel, München 1961. Mit freundlicher Genehmigung des Verlages R. Piper GmbH & Co. KG, München.

Aus der Hausordnung eines Anwesens an der Münchner Schellingstraße, in: R. W. B. McCormack: Tief in Bayern. Eine Ethnographie, Frankfurt am Main 1991. Mit freundlicher Genehmigung des Vito von Eichborn GmbH & Co. Verlages KG, Frankfurt am Main.

FRANZ HUGO MÖSSLANG: Die Weißwürscht und der Leberkäs, in: Kleine Bettlektüre für zünftige Münchner, München/Bern. Mit freundlicher Genehmigung des Rechteinhabers.

ULRICH WICKERT: Demontage, in: Das Wetter, Berlin 1994. Mit freundlicher Genehmigung des Transit Buchverlages, Berlin.

EUGEN ROTH: Das Oktoberfest, in Sämtliche Werke, Band 3: Verserzählungen, München 1977. Mit freundlicher Genehmigung des Carl Hanser Verlages, München/Wien.

---

* Titelformulierung der Herausgeber

Das kleine Buch

Die Reihe liebenswerter Geschenkbücher für den besonderen Anlaß: als Dankeschön, als Aufmerksamkeit, als Kompliment, zur Erinnerung...

In gleicher Ausstattung sind folgende Bände lieferbar:

Das kleine Buch

... für Freunde selbstbewußter Katzen

... für den genialen Computerfreak

... für das glückliche Geburtstagskind

... für den passionierten Gärtner

... für die wunderbare Großmutter

... für den unverdrossenen Raucher

... für den begeisterten Radfahrer

... für frischgebackene Eltern

... für liebenswerte Nachbarn

... für alle, die bald wieder gesund sind

... für lebenslange Flitterwochen

... für die Frau mit Herz und Charme

... für den unentbehrlichen Großvater

... für einen zufriedenen Ruhestand

... für den perfekten Gastgeber

... als Dankeschön

... für Freunde charaktervoller Hunde

Das kleine Buch

... für den besten Vater, den es gibt

... für den jungen Vierziger

... für die besonders liebe Kollegin

... für die liebste aller Mütter

... für meine einzigartige Schwiegermutter

... für den Weinkenner

... für den wahren Lebenskünstler

... für den herzhaften Westfalen

... für den zünftigen Bayern

... für die rheinische Frohnatur

... für alle, die Sylt lieben

... für alle, die Österreich lieben

... für alle, die Italien lieben

... für den hellen Sachsen

... für den fleißigen Schwaben

... für den echten Hessen

... für den Berliner mit Herz und Schnauze

... für alle, die Hamburg lieben

... für ein frohes Weihnachtsfest

Wilhelm Heyne Verlag München